中国区域自主创新与经济增长政策研究

谢兰云　著

科 学 出 版 社

北 京

内 容 简 介

发展创新型国家,进行集约化生产是保持我国经济可持续发展的必然之路。虽然我国已经在这方面取得了一定的成绩,但是各省区市在产业结构、人力资本等方面都存在很大的差距。在科技创新的过程中,这将导致我国各地区自主创新能力不平衡,最终影响我国自主创新能力的整体提高。本书在对我国各区域 2000~2013 年在自主创新投入和产出方面的现状及特点进行分析与总结的基础上,研究各地区 R&D 投入的溢出效应,提出 R&D 投入对经济增长作用的四条途径;根据各区域 R&D 投入的差异,分区域研究 R&D 经费对经济增长的不同影响,使用面板门槛回归模型研究在不同条件下 R&D 投入对经济增长的影响程度,利用灰色关联模型深入研究各区域 R&D 投入与其产业结构的关系,提出提升我国各地区自主创新能力,转变经济发展方式的相关政策建议。

本书可供关注区域科技创新与经济增长方面的政府相关部门、科研人员和高等院校相关专业的师生参考。

图书在版编目(CIP)数据

中国区域自主创新与经济增长政策研究 / 谢兰云著. —北京:科学出版社,2018.6

ISBN 978-7-03-057904-1

Ⅰ. ①中… Ⅱ. ①谢… Ⅲ. ①区域经济–国家创新系统–研究–中国 ②区域经济–经济增长–经济政策–研究–中国 Ⅳ. ①F127

中国版本图书馆 CIP 数据核字(2018)第 127845 号

责任编辑:陶　璇 / 责任校对:孙婷婷
责任印制:吴兆东 / 封面设计:无极书装

科 学 出 版 社 出版
北京东黄城根北街 16 号
邮政编码:100717
http://www.sciencep.com

北京凌奇印刷有限责任公司 印刷
科学出版社发行　各地新华书店经销

*

2018 年 6 月第 一 版　开本:720 × 1000　1/16
2018 年 6 月第一次印刷　印张:8 1/2
字数:171 000

POD定价:68.00元
(如有印装质量问题,我社负责调换)

前　言

改革开放以来，我国经济发展取得了令世界瞩目的成就，在经济全球化发展的大背景下，中国经济已经成为引领世界经济发展的动力。但是不可否认，我国在经济发展过程中依然存在很多问题，一方面是在当前错综复杂的国内外形势下，我国经济发展存在很大的不确定性，另一方面是我国经济增长在很大程度上依赖生产要素投入，同时资源的利用率较低，长期以来导致我国资源匮乏、能源紧缺、环境污染，伴随经济增长而日益严重的雾霾问题已经严重影响人民的身体健康，因此这种经济增长是不可持续的。要改变这种"粗放式"的经济发展模式，必须依赖技术进步，提高生产效率，走"集约式"生产之路。我国政府早已意识到这个问题，制定了科技创新战略，实施了一系列科技创新政策，并取得了一定的成绩，如新兴产业蓬勃兴起、传统产业加速转型升级，2011 年我国已经成为世界专利第一大国，但是我国的创新能力依然与发达国家之间存在巨大的差距，核心竞争力的缺失依然是制约我国经济发展的主要因素，增强我国的自主创新能力，在战略领域和关键环节拥有自主创新技术，形成国家的核心竞争力，是实现我国经济可持续发展的战略目标。

我国各省区市在自然资源、历史文化、产业结构、人力资本等方面都存在很大的差距。在我国科技创新的过程中，各省区市在研究与开发（research and development，R&D，简称研发）经费和人员投入等方面都有很大的提高，同时专利申请量也快速增长，2011 年我国专利申请量首次超过美国，成为世界第一专利大国，自主创新能力得到了很大的提高。虽然取得了如此大的进步，但是我国地区之间的差距并没有因此而缩小，甚至在某些方面的差距还存在不断扩大的趋势，如果任由这种趋势扩大下去，将导致我国各地区自主创新能力更加不平衡，最终影响我国自主创新能力的整体提高，因此针对我国不同地区的特点采取有针对性的创新政策，取得事半功倍的效果，将更加有效地提升我国各地区的自主创新能力，调整产业结构、转变经济发展方式，最终提高整个国家的自主创新能力，并实现我国经济长期稳定的发展。但是目前，对区域自主创新方面的研究主要集中在 R&D 投入效率和区域创新体系的建设两个方面，无论是哪个方面的研究，最终关于创新影响因素对区域自主创新能力的提高和区域经济增长的贡献大多只停留在进行笼统分析的阶段，尚缺乏必要的细化和深入，使得相关政策建议在科学性和可操作性方面存在欠缺，作者主持完成的教育部人文社会科学研究规划基金项目"中国区域自主创新影响因素评价与政策选择"正是针对这些问题进行研究的。本书在此研究的基础上对我国各区域自主创新和经济增长的问题进行总结分析，以期提出更加有针对性的政策建议，促进经济发展。

本书首先对我国各区域 2000～2013 年在自主创新投入和产出方面的现状及特点进行分析与总结，结果发现虽然我国各区域在这些方面都有很大的发展，但是各区域间的差异是非常大的，并且在有些方面这种差距还有不断扩大的趋势。考虑到知识具有溢出效应，一个地区的科技创新必然会对周边地区产生溢出效应，因此构建包含地理距离和经济距离在内的空间权重矩阵，并利用空间滞后模型和空间误差模型进行实证研究，提出每一个省（自治区、直辖市）作为国家创新体系中的一部分，其 R&D 投入可以通过四条途径作用于本省区市及周边省区市经济增长的路径图。基于我国各省区市在 R&D 投入方面存在的差异，将我国 31 个省区市（香港、澳门、台湾除外，下同）依据 R&D 强度分为 R&D 经费高投入区域、R&D 经费中等投入区域和 R&D 经费低投入区域，分别针对这三个不同区域研究其 R&D 经费对经济增长的不同影响，研究结果表明这三个区域在创新对经济增长影响方面的确存在很大的差异，但是原因可能是多方面的。基于此继续使用面板门槛回归模型，从我国各区域在 R&D 投入、产业结构、人力资本、外国投资等各方面存在的巨大差异入手，研究在不同条件下 R&D 投入对经济增长的影响程度，然后利用灰色关联模型研究各区域 R&D 投入与本地区产业结构的关系，并给出相关的政策建议。

本书汇集了教育部人文社会科学研究规划基金项目"中国区域自主创新影响因素评价与政策选择"的研究成果和国家社会科学基金项目"我国 R&D 投入与产出阈值效应及其非线性关系的实证研究"的部分研究成果，提出了相关的政策建议，希望能够更加有针对性地提高我国区域自主创新的水平，发挥技术创新的作用，以实现我国经济协调、稳定的可持续发展。

目 录

第一章　绪　　论

第一节　我国经济增长过程中存在的问题

由技术进步引发的产业革命正深刻地影响着社会经济和人们生活的各个方面，只有提高技术进步水平才有可能在未来的经济中拥有核心竞争力，从而在世界未来的发展中占据有利地位。从经济学的角度来看，影响经济增长的因素有很多，包括资本、劳动等，但这些物资资源的投入都会受到要素边际效益递减规律的制约，而技术进步可以抵消要素投入增加所导致的要素边际效益递减的趋势，突破经济长期增长过程中的瓶颈，为经济长期可持续增长提供动力。因此技术创新是实现经济长期可持续发展的重要条件。20世纪初期发达资本主义国家科学技术对经济增长的贡献率为5%～10%，目前这一比例已经达到70%～80%（宋涛，2008），可见在科学技术快速发展的今天，技术进步对经济增长的影响更加深刻，已经成为各国、各地区经济增长的主要动力。

Porter（1990）指出经济发展可以分为四个阶段，分别是要素驱动阶段、投资驱动阶段、创新驱动阶段和财富驱动阶段。我国经济增长早期严重依赖要素投入，但是资源投入的边际效益递减规律已经成为我国经济发展的瓶颈，而且这种经济增长方式的负面效应已经显现，这就要求我国经济必须转变到依赖技术和人力资本的创新驱动模式上来。提高技术进步水平，是我国经济可持续发展的重要保障。科学技术是第一生产力，长期以来，我国在许多关键领域受制于人，其主要原因就是核心竞争力的缺失，只有增强自主创新能力，在战略领域和关键环节拥有自主创新技术，形成国家的核心竞争力，才能实现我国可持续发展的战略目标。为此，我国政府和有关部门已经采取了切实落实《国家中长期科学和技术发展规划纲要》的措施，增加科技创新资金投入，实施积极的科技创新政策。这些政策的实施使我国自主创新能力在近几年得到了提高，但是提高的幅度十分有限，其中一个主要原因是我国各省区市在自然资源禀赋和经济发展水平等方面存在严重的不平衡，这导致其自主创新能力的不均衡，特别是在区域内部影响其自主创新的因素也各有不同，如果不能有针对性地采取不同的科技创新政策，不仅会影响区域自主创新水平的提高，而且将严重影响国家宏观经济的长期可持续发展。

创新型国家建设的根基在于区域创新能力的提升，提升区域创新能力需要在一个统一的框架下进行比较，以便更加科学有效地寻找竞争发展差距和不同发展模式，同时，区域创新也是调整产业结构、转变经济发展方式的中心环节，是提升区域核心竞争力和综合实力的根本途径。因此对我国区域自主创新问题的探讨成为国内外研究的热点，本书正是以相关的理论和研究成果为基础，系统研究我国各区域自主创新影响因素对区域自主创新能力的提高和区域经济增长的贡献，为我国相关自主创新方面的政策制定提供实证依据。

第二节　科技 R&D 与经济增长关系的国内外研究现状

R&D 活动可以创造新的知识，通过持续不断的 R&D 活动，人类所拥有的知识越来越多，同时人类所拥有的技能也不断提高，使得人类进行生产的效率得到提高，相同的要素投入就会产生更多的产出，技术得以进步，经济得以发展。因此关于通过进行 R&D 投入，提高自主创新能力，进而促进经济增长关系的探讨一直都没有停止过。目前，国内外关于科技 R&D 与经济增长关系方面的研究主要集中在科技 R&D 投入对经济增长的贡献和科技 R&D 投入产出的绩效评价两个方面。

一、科技 R&D 投入对经济增长的贡献

科技 R&D 投入对经济增长贡献方面研究的核心思想以内生增长理论为指导，主要借助改进的科布-道格拉斯（Cobb-Douglas，C-D）生产函数、超越对数生产函数等计量经济模型或者灰色关联模型测定科技投入对经济增长的贡献。Griliches（1979）最先使用 C-D 生产函数模型来估计 R&D 投入的产出弹性（任海云和师萍，2010）。此后众多学者都在这方面做了大量研究，如 Griliches 和 Lichtenberg（1984）、Griliches（1986）、Lichtenberg（1992）、Eaton 和 Kortum（1999），这些实证研究的结果均表明 R&D 投入可以促进生产力的提高。我国关于 R&D 的统计工作开始得较晚，导致我国学者对 R&D 投入的定量研究起步也较晚，但发展比较快，学者基本从宏观、中观和微观三个角度对两者的关系进行研究。

首先，从宏观角度出发的研究主要关注我国科技投入或者政府财政科技投入对经济增长或者全要素生产率（total factor productivity，TFP）的影响，例如，朱春奎（2004）利用协整和误差修正模型研究了 1978～2000 年我国财政科技投入与经济增长的关系，结果表明财政科技投入对经济增长的长期弹性为 3.69，短期弹性为 1.51；苏梽芳等（2006）利用向量自回归（vector auto regression，VAR）模型实证研究了 1958～2004 年我国财政科技投入与国内生产总值（gross domestic product，GDP）之间的关系，结果表明在样本区间内，R&D 投入对 GDP 的长期

弹性为 1.402,短期弹性为 0.1037;师萍等(2007)利用 1991~2004 年我国政府公共 R&D 对企业 R&D 的效应问题,得出了政府公共 R&D 投入的杠杆效应大于挤出效应,政府向高校提供 R&D 资助可能会挤出企业 R&D 支出的结论;张优智(2014)的研究结果表明我国财政科技投入与经济增长之间具有非线性关系等。

其次,从中观角度出发,利用我国各省区市的面板数据研究科技投入与经济增长的关系,例如,朱平芳(1999)实证研究了上海市全社会科技投入和 GDP 的关系,结果表明 1988~1996 年上海市全社会 R&D 经费投入对 GDP 的短期弹性为 0.3547,长期弹性为 0.9919,说明上海市的科技投入无论从长期还是短期来说都对其 GDP 具有积极的促进作用;陈利华和杨宏进(2005)利用时间序列和截面数据结合的混合数据模型对我国除西藏以外的其他省区市科技投入的技术进步效应进行研究,结果表明科技投入对技术进步的作用是明显的,但是由于区域自身条件的不同,科技投入所产生的技术进步效应具有明显的差异,发达地区资源配置对技术进步的影响较大,落后地区的资源配置作用不明显;赵海娟和程红莉(2007)研究了 1998~2004 年各区域 R&D 投入对专利受理量和高新技术产品出口额的影响,结果表明无论从专利受理量还是从高新技术产品出口额来看,东部地区都明显高于中西部地区,中部地区又高于西部地区;吕忠伟和李峻浩(2008)研究了 1997~2005 年我国各地区 R&D 投入与全要素生产率的关系,结果表明东部地区的 R&D 投入强度与全要素生产率的增长率和技术进步具有正向促进作用,但中部和西部地区的 R&D 投入作用不显著;卢宁等(2010)的研究发现我国各地区自主创新资源投入水平差距显著,经济发达地区在自主创新资源投入上有比较优势,自主创新人才实现能力、自主创新价值实现能力和自主创新支撑发展能力与地区生产总值呈负相关关系,自主创新支撑发展能力、自主创新辐射能力、自主创新网络能力对区域高技术产业发展具有显著的正向影响;卢方元和靳丹丹(2011)利用 2000~2009 年我国 30 个省区市 R&D 投入与经济增长的相关数据研究了 R&D 投入与经济增长之间的长期均衡关系,结果表明 R&D 投入对经济发展具有明显的促进作用,R&D 人员投入的产出弹性大于 R&D 经费投入的产出弹性;陈云和贺德方(2012)分析了我国各省区市 2000~2009 年 R&D 经费支出占 GDP 比例的发展趋势,验证了我国不同省区市的 R&D 经费支出强度与人均 GDP 正相关的关系;严成樑和龚六堂(2013)运用 1998~2009 年我国 31 个省区市数据进行研究的结果表明,R&D 投入规模越大并不意味着经济增长越快,基础研究投入的增多更有利于促进我国经济增长,相对来说,高等院校 R&D 支出比科研机构和企业 R&D 支出能够更好地促进我国经济增长。

最后,从微观角度出发,利用相关企业的面板数据,研究在不同规模、所有制、行业等条件下技术进步在企业中的作用,例如,吴延兵(2008)运用中国四位数制造产业数据实证检验了市场结构、产权结构等因素对创新的影响;唐德祥和孟卫东

（2008）运用面板数据模型考察了我国以 R&D 为基础的技术创新与产业结构优化升级的关系，结果显示 R&D 支出对产业结构优化升级具有显著的促进作用；赵新华和李晓欢（2009）的研究结果表明科技进步水平与产业结构优化升级具有长期的协整关系，科技进步对产业结构优化升级具有明显的促进作用，但我国现有的产业结构水平对科技水平不具有显著的促进作用；吴延兵和米增渝（2011）的研究表明合作创新企业的效率最高，模仿企业的效率次之，独立创新企业的效率再次之；吴延兵（2014）的研究表明混合所有制企业技术创新能力最强，国有企业技术创新能力最弱，私营企业具有专利创新优势，但其整体创新能力有待提高，外商投资企业创新投入少，但在新产品和劳动生产率上拥有显著优势。由于相关研究所使用的模型不同，样本数据的采用指标和计算方法不同，同时样本区间等方面都存在一定的差异，各研究成果的结论不尽相同，但是几乎所有的研究成果均表明我国 R&D 投入对经济增长具有积极的促进作用，其差异主要表现在这种作用的程度上。

二、科技 R&D 投入产出的绩效评价

对科技 R&D 投入产出绩效进行评价研究的核心思路是确定科技 R&D 投入与产出指标，利用参数法（如随机前沿方法（stochastic frontier approach，SFA））或非参数方法（如数据包络分析（data envelopment analysis，DEA））分析创新投入与产出的相对效率。Färe 等（1994）使用非参数的数据包络分析方法，对亚洲太平洋经济合作组织（Asia-Pacific Economic Cooperation，APEC）17 个国家 1975～1990 年创新效率进行了评价。此后，Koop 等（2000）、Sharma 和 Thomas（2008）、Liu 和 Lu（2010）等分别针对不同的对象对此问题进行了研究。非参数技术的数据包络分析法的基本思路是根据各个观测单元的数据，利用线性规划技术将有效单元线性组合起来，构造出一个前沿生产面，在给定投入的情况下，利用各个单元的实际产出与该前沿生产面之间的距离测量生产的效率。时鹏将等（2004）、李廉水和周勇（2006）、涂俊和吴贵生（2006）、谢伟等（2008）、罗亚非等（2010）、陶长琪和齐亚伟（2010）、张庆昌和李平（2011）等在进行研究的时候均使用了该方法；参数技术的随机前沿方法是由 Aigner 等（1977）、Meeusen 和 Broeck（1977）、Battese 和 Corra（1977）提出的，它将生产者效率分解为技术前沿（technological frontier）和技术效率（technical efficiency）两个部分，前者刻画了所有生产者投入-产出函数的边界，后者描述了个别生产者实际技术与技术前沿的差距。唐德祥和孟卫东（2008）、史修松等（2009）、白俊红等（2009）、王志平（2010）、胡求光和李洪英（2011）、余泳泽（2015a，2015b）等在进行研究的时候均使用了该方法。利用这两种方法测算的结果均表明，我国 R&D 投入对技术效率具有显著的正向促进作用，但在不同领域存在显著的差异。

三、区域创新的研究趋势

关于区域创新方面的研究在内容上呈现如下共同特点：①大多数研究都是对区域创新直接绩效的评价，即仅研究了区域创新投入（如区域 R&D 投入等）与直接产出（如区域 GDP、专利申请量等）的关系；②大多数研究在对区域创新绩效进行评价的时候，都没有将其放在国家宏观经济发展的大背景下来考察，没有考虑到区域创新的知识溢出效应，从而忽视了区域创新间接绩效的评价；③大多数关于区域创新影响因素对区域经济增长的传导机制方面的研究都不够细致，总体上比较笼统，且缺乏可比性，未考虑到各地区创新能力的动态变化和发展，从而不能全面综合地反映创新能力。因此本书认为今后对区域自主创新的研究将更多地向纵深发展，一方面是研究区域创新要与国家的宏观经济活动联系起来，从系统论的角度去分析问题；另一方面是更加细致、深入地研究影响区域自主创新能力的因素，特别是对各区域内部影响因素对经济发展的传导机制进行深入的分析。这样的研究能更好地提高我国自主创新能力，提高核心竞争力，促进经济可持续发展。

第三节　研究意义与研究内容

一、研究意义

本书从我国国家创新体系的角度出发，首先研究一个省区市的创新活动会对其自身及相邻省区市的创新能力和经济发展带来的影响，研究结果发现我国各省区市的创新活动存在溢出效应，不仅会促进本省区市创新水平的提高和经济的发展，也会促进相邻省区市创新水平的提高和经济的发展；我国不同省区市创新能力和经济发展水平等多方面的因素导致我国各省区市在 R&D 经费投入方面存在很大的差异，R&D 强度是衡量一个国家和地区 R&D 经费投入力度的重要指标，在此使用 R&D 强度将我国 31 个省区市分别划入 R&D 经费高投入区域、R&D 经费中等投入区域和 R&D 经费低投入区域，并在此基础上研究 R&D 经费对经济增长的影响问题，考虑到这种分类方式可能存在一定的主观性，使用面板门槛回归模型从多个角度对这个问题进行更深入的研究，最后利用灰色关联模型研究我国各省区市 R&D 投入与产业结构的关系，尽量达到能够针对我国各省区市的不同特征，对各省区市自主创新与经济增长的问题进行系统研究的目的。

本书的理论价值在于：第一，系统地研究多种影响因素对区域自主创新和区域经济发展作用的传导途径，这将有助于深入了解提高区域自主创新能力来促进经济增长，对于了解我国区域创新政策的调控切入点有一定的帮助，完善区域自主创新理论；第二，立足于国家宏观经济可持续发展的战略目标，研究提高区域自主创新能力的问题，在研究中以系统理论为指导，充分考虑区域间的知识溢出、区域"发展极"的建设和区域间协调发展的问题，这种全局性的区域发展研究将丰富我国国家创新理论体系。

本书的实际应用价值在于：第一，系统分析各区域内部影响因素对本区域自主创新能力和经济发展的传导机制，找出影响区域自主创新能力转化为生产能力的瓶颈，为各地区有针对性地选择自主创新路径、提高自主创新能力提供可操作性的政策制定依据；第二，从全局角度来研究区域自主创新问题，通过知识溢出机制将区域创新与国家宏观经济发展联系起来，为相关决策部门进行宏观政策的制定提供动态的模拟平台，从而促进我国国家创新体系的建设，最终促进我国转变经济发展模式，实现产业升级。

二、研究内容

国内外关于 R&D 投入与经济增长相关问题的研究成果丰富了相关研究的理论和方法，具有一定的科学性和权威性，为进行更深入的研究奠定了基础。熊彼特指出技术创新与经济增长是密不可分的，技术创新的实现过程就是经济增长的过程。本书以我国各省区市 R&D 投入对经济增长的影响为主线，对我国自主创新与经济增长中的相关问题进行研究。本书的具体研究内容主要包括以下三个部分。

（1）地理学第一定律认为"任何事物之间大多相关，而且离得较近的事物总比离得较远的事物相关性要高"。大量的研究表明 R&D 投入所衍生的技术变化有明显的溢出效应，一个地区的 R&D 投入不仅会对本地区的经济增长产生影响，而且会通过空间溢出效应对周边地区的经济增长产生影响。因此这部分主要利用空间计量模型对我国各省区市 R&D 投入对其自身及其相邻省区市的作用途径进行全面的分析，并绘制出其作用路径图。

（2）考虑到我国各省区市之间在各方面都存在很大的差异，这部分利用面板门槛回归模型，从 R&D 强度、人力资本、外国直接投资（foreign direct investment，FDI）、对外贸易、政府 R&D 投入占 R&D 经费比例和产业结构等多个角度对我国各省区市 R&D 投入对经济增长的作用进行研究，其研究结果可以从多视角、更全面地展现我国各省区市在创新方面的差异和动态变化，从而为国家在针对不同地区制定创新政策时提供相应的实证依据。

（3）创新理论认为一个地区的创新能力在很大程度上取决于其 R&D 活动能力，而不同产业的创新投入力度是不同的。因此这部分主要利用灰色关联模型对我国各省区市 R&D 强度与其产业结构之间的关系进行系统的研究。

第二章　我国区域自主创新与经济增长现状及其主要特征

第一节　我国区域自主创新投入情况的现状

自主创新的投入主要包括两个方面：一个是 R&D 经费的投入；另一个是 R&D 人员的投入。我国幅员辽阔，由于地理位置、历史文化、资源条件、产业结构等诸多方面的不同，我国省区市之间存在很大的差异，这种差异也反映在自主创新领域。

一、我国区域自主创新经费投入的现状

我国各省区市在 R&D 经费投入上的差异非常大，而且这种差距存在逐渐加大的趋势。2000～2013 年我国各省区市 R&D 经费的投入情况如表 2-1 所示。

从表 2-1 数据可见 2000～2013 年西藏一直是我国 R&D 经费投入最少的，这有其历史等各方面的原因，2000～2007 年我国 R&D 经费投入最多的一直是北京，但是自 2008 年开始，江苏跃升为 R&D 经费投入最大的。平均来看，最大的 R&D 经费投入是最小 R&D 经费投入的 700 多倍，可见我国各省区市在 R&D 经费投入上存在巨大差异，为此选取了样本区间的前期、中期、后期，即 2000 年、2006 年和 2013 年的相关数据绘制了图 2-1。

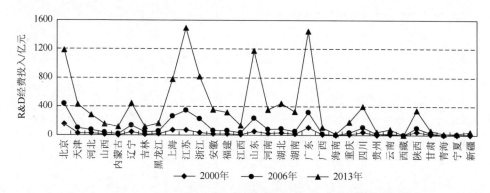

图 2-1　2000 年、2006 年和 2013 年我国各省区市 R&D 经费投入对比图

表 2-1　2000~2013 年我国各省区市 R&D 经费投入情况

（单位：亿元）

项目	2000 年	2001 年	2002 年	2003 年	2004 年	2005 年	2006 年	2007 年	2008 年	2009 年	2010 年	2011 年	2012 年	2013 年
北京	155.7	171.2	219.5	256.3	317.3	382.1	433.0	505.4	550.3	668.6	821.8	936.6	1063.4	1185.0
天津	24.7	25.2	31.2	40.4	53.8	72.6	95.2	114.7	155.7	178.5	229.6	297.8	360.5	428.1
河北	26.3	25.8	33.6	38.1	43.8	58.9	76.7	90.0	109.1	134.8	155.4	201.3	245.8	281.9
山西	9.9	10.8	14.4	15.8	23.4	26.3	36.3	49.3	62.6	80.9	89.9	113.4	132.4	155.0
内蒙古	3.3	3.9	4.8	6.4	7.8	11.7	16.5	24.2	33.9	52.1	63.7	85.2	101.5	117.2
辽宁	41.7	53.9	71.6	83.0	106.9	124.7	135.8	165.4	190.1	232.4	287.5	363.8	390.9	445.9
吉林	13.4	16.5	26.4	27.8	35.5	39.3	40.9	50.9	52.8	81.4	75.8	89.1	109.8	119.7
黑龙江	14.9	20.1	23.3	32.7	35.4	48.9	57.0	66.0	86.7	109.2	123.0	128.8	146.0	164.8
上海	73.6	88.1	110.3	128.9	171.1	208.4	258.8	307.5	355.4	423.4	481.7	597.7	679.5	776.8
江苏	73.0	92.3	117.3	150.5	214.0	269.8	346.1	430.2	580.9	702.0	857.9	1065.5	1287.9	1487.4
浙江	33.5	41.4	54.3	75.2	115.6	163.3	224.0	281.6	344.6	398.8	494.2	598.1	722.6	817.3
安徽	20.0	21.1	25.7	32.4	37.9	45.9	59.3	71.8	98.3	136.0	163.7	214.6	281.8	352.1
福建	21.2	22.6	24.4	37.5	45.9	53.6	67.4	82.2	101.9	135.4	170.9	221.5	271.0	314.1
江西	8.2	7.8	11.7	17.0	21.5	28.5	37.8	48.8	63.1	75.9	87.2	96.8	113.7	135.5
山东	52.0	60.9	88.2	103.8	142.1	195.1	234.1	312.3	433.7	519.6	672.0	844.4	1020.3	1175.8
河南	24.8	28.3	29.3	34.2	42.4	55.6	79.8	101.1	122.3	174.8	211.2	264.5	310.8	355.3
湖北	34.8	36.8	47.9	54.8	56.6	75.0	94.4	111.3	149.0	213.4	264.1	323.0	384.5	446.2

续表

项目	2000 年	2001 年	2002 年	2003 年	2004 年	2005 年	2006 年	2007 年	2008 年	2009 年	2010 年	2011 年	2012 年	2013 年
湖南	19.2	24.0	26.2	30.1	37.0	44.5	53.6	73.6	112.7	153.5	186.6	233.2	287.7	327.0
广东	107.1	137.4	156.5	179.8	211.2	243.8	313.0	404.3	502.6	653.0	808.7	1045.5	1236.2	1443.5
广西	8.4	8.0	9.1	11.2	11.9	14.6	18.2	22.0	32.8	47.2	62.9	81.0	97.2	107.7
海南	0.8	0.8	1.2	1.2	2.1	1.6	2.1	2.6	3.3	5.8	7.0	10.4	13.7	14.8
重庆	10.1	10.0	12.6	17.4	23.7	32.0	36.9	47.0	60.2	79.5	100.3	128.4	159.8	176.5
四川	44.9	57.5	61.9	79.4	78.0	96.6	107.8	139.1	160.3	214.5	264.3	294.1	350.9	400.0
贵州	4.2	5.3	6.1	7.9	8.7	11.0	14.5	13.7	18.9	26.4	30.0	36.3	41.7	47.2
云南	6.8	7.7	9.8	11.0	12.5	21.3	20.9	25.9	31.0	37.2	44.2	56.1	68.8	79.8
西藏	0.2	0.2	0.5	0.3	0.4	0.4	0.5	0.7	1.2	1.4	1.5	1.2	1.8	2.3
陕西	49.5	51.7	60.7	68.0	83.5	92.5	101.4	121.7	143.3	189.5	217.5	249.4	287.2	342.7
甘肃	7.3	8.4	11.0	12.8	14.4	19.6	24.0	25.7	31.8	37.3	41.9	48.5	60.5	66.9
青海	1.3	1.2	2.1	2.4	3.0	3.0	3.3	3.8	3.9	7.6	9.9	12.6	13.1	13.8
宁夏	1.6	1.5	2.0	2.4	3.1	3.2	5.0	7.5	7.5	10.4	11.5	15.3	18.2	20.9
新疆	3.2	3.2	3.5	3.8	6.0	6.4	8.5	10.0	16.0	21.8	26.7	33.0	39.7	45.5
最大值	155.7	171.2	219.5	256.3	317.3	382.1	433.0	505.4	580.9	702.0	857.9	1065.5	1287.9	1487.4
最小值	0.2	0.2	0.5	0.3	0.4	0.4	0.5	0.7	1.2	1.4	1.5	1.2	1.8	2.3

资料来源：各年度《中国科技统计年鉴》

从图 2-1 可见，无论是在样本区间的前期、中期，还是后期，北京、辽宁、上海、江苏、浙江、山东、广东、四川和陕西都是我国 R&D 经费投入较多的省市，表现较突出，而且越到后期这种差异表现得越明显。国际上通常用于反映一个国家或地区对科学创造与创新能力给予资金支持力度的指标是 R&D 强度，表 2-2 为 2000～2013 年我国各省区市 R&D 强度情况。

从表 2-2 的数据可见，2000～2013 年虽然我国各省区市的 R&D 强度都有显著的提高，但是总体上呈现的是"强者恒强，弱者恒弱"的马太效应，北京一直雄踞 R&D 强度的首位，而西藏则多处于末位。《世界科学报告》的研究认为，发达国家的 R&D 强度为 2.5%左右，中等发达国家为 1.5%左右，发展中国家为 1%左右。根据发达国家的经验，一个国家在经济发展初期 R&D 强度一般在 0.5%～0.7%，国际上公认的经济起飞阶段的 R&D 强度为 1.5%（江静，2006）。根据这一标准，2000 年北京的 R&D 强度已经超过世界上一些发达国家的水平，而与此同时我国还有相当多的省区市 R&D 强度尚未达到经济发展初期的水平，但是，这些省区市的数量已经从 2000 年的 11 个下降到 2013 年的 2 个。因此从总体上看，虽然我国各省区市在 R&D 经费投入方面的差距很大，但是无论从 R&D 经费投入的绝对值来看，还是从其相对值来看，我国各省区市的 R&D 经费投入都在不断提高。

二、我国区域自主创新经费来源情况分析

我国各区域在 R&D 经费投入方面存在很大的差异，那么这种差异是否与各区域 R&D 经费的来源有关系呢？表 2-3 为 2000～2013 年我国各省区市政府经费占 R&D 经费比例的相关数据。

表 2-3 数据表明，2000～2013 年北京一直是我国各省区市中获得政府 R&D 资金最多的，特别是这些政府拨款有很大一部分来源于国家政府拨款，这是北京的 R&D 强度超过世界发达国家的主要原因。吉林、黑龙江、上海、陕西、西藏、甘肃和新疆也是政府经费占 R&D 经费比例增长较快的省区市，特别是黑龙江和上海的年均增幅都达到 5%，吉林、黑龙江和新疆政府经费占 R&D 经费比例较大可能与我国大力发展农业有直接的关系，上海作为我国科技创新的前沿，拥有大量的高等院校和科研院所，在国家科教兴国战略的大环境下获得更多的政府资金支持也在情理之中。表 2-4 为 2000～2013 年我国各省区市企业经费占 R&D 经费的比例情况。

表 2-4 的数据表明，2000～2013 年我国各省区市企业经费在 R&D 经费中所占比例均呈现上涨趋势，区别只是涨幅不同。在这一过程中，北京、上海和陕西的增幅都不大，但是这三个地区位于政府经费占 R&D 经费比例上升的范围。这

表 2-2　2000～2013 年我国各省区市 R&D 强度数据表

项目	2000 年	2001 年	2002 年	2003 年	2004 年	2005 年	2006 年	2007 年	2008 年	2009 年	2010 年	2011 年	2012 年	2013 年
北京	4.93%	4.61%	5.07%	5.1%	5.24%	5.55%	5.5%	5.4%	5.25%	5.5%	5.82%	5.76%	5.95%	5.98%
天津	1.45%	1.31%	1.45%	1.57%	1.73%	1.96%	2.18%	2.27%	2.45%	2.37%	2.49%	2.63%	2.8%	2.96%
河北	0.52%	0.47%	0.56%	0.55%	0.52%	0.58%	0.66%	0.66%	0.67%	0.78%	0.76%	0.82%	0.92%	0.99%
山西	0.54%	0.53%	0.62%	0.55%	0.65%	0.63%	0.76%	0.86%	0.9%	1.1%	0.98%	1.01%	1.09%	1.22%
内蒙古	0.21%	0.23%	0.25%	0.27%	0.26%	0.3%	0.34%	0.4%	0.44%	0.53%	0.55%	0.59%	0.64%	0.69%
辽宁	0.89%	1.07%	1.31%	1.38%	1.6%	1.56%	1.47%	1.5%	1.41%	1.53%	1.56%	1.64%	1.57%	1.64%
吉林	0.69%	0.78%	1.12%	1.04%	1.14%	1.09%	0.96%	0.96%	0.82%	1.12%	0.87%	0.84%	0.92%	0.92%
黑龙江	0.47%	0.59%	0.88%	0.81%	0.74%	0.89%	0.92%	0.93%	1.04%	1.26%	1.19%	1.02%	1.07%	1.14%
上海	1.54%	1.69%	1.92%	1.93%	2.21%	2.28%	2.5%	2.52%	2.59%	2.81%	2.81%	3.11%	3.37%	3.56%
江苏	0.85%	0.98%	1.11%	1.21%	1.43%	1.47%	1.6%	1.67%	1.92%	2.03%	2.07%	2.17%	2.38%	2.49%
浙江	0.55%	0.6%	0.68%	0.78%	0.99%	1.22%	1.42%	1.5%	1.6%	1.75%	1.78%	1.85%	2.08%	2.16%
安徽	0.69%	0.65%	0.73%	0.83%	0.8%	0.85%	0.97%	0.97%	1.11%	1.33%	1.32%	1.4%	1.64%	1.83%
福建	0.56%	0.55%	0.55%	0.75%	0.8%	0.82%	0.89%	0.89%	0.94%	1.11%	1.16%	1.26%	1.38%	1.44%
江西	0.41%	0.36%	0.48%	0.6%	0.62%	0.7%	0.81%	0.89%	0.97%	0.99%	0.92%	0.83%	0.88%	0.94%
山东	0.62%	0.66%	0.86%	0.86%	0.95%	1.05%	1.06%	1.2%	1.4%	1.53%	1.72%	1.86%	2.04%	2.13%
河南	0.49%	0.51%	0.49%	0.5%	0.5%	0.52%	0.64%	0.67%	0.66%	0.89%	0.91%	0.98%	1.05%	1.1%
湖北	0.98%	0.95%	1.14%	1.15%	1.01%	1.15%	1.25%	1.21%	1.31%	1.64%	1.65%	1.65%	1.73%	1.8%

续表

项目	2000 年	2001 年	2002 年	2003 年	2004 年	2005 年	2006 年	2007 年	2008 年	2009 年	2010 年	2011 年	2012 年	2013 年
湖南	0.54%	0.63%	0.63%	0.65%	0.66%	0.68%	0.71%	0.8%	1.01%	1.17%	1.16%	1.19%	1.3%	1.33%
广东	1%	1.14%	1.16%	1.14%	1.12%	1.09%	1.19%	1.3%	1.41%	1.65%	1.76%	1.96%	2.17%	2.31%
广西	0.4%	0.35%	0.36%	0.4%	0.35%	0.36%	0.38%	0.37%	0.46%	0.61%	0.66%	0.69%	0.75%	0.75%
海南	0.15%	0.14%	0.2%	0.17%	0.26%	0.18%	0.2%	0.21%	0.23%	0.34%	0.34%	0.41%	0.48%	0.47%
重庆	0.63%	0.57%	0.63%	0.77%	0.89%	1.04%	1.06%	1.14%	1.18%	1.22%	1.27%	1.28%	1.4%	1.38%
四川	1.14%	1.36%	1.31%	1.49%	1.22%	1.31%	1.25%	1.32%	1.28%	1.51%	1.54%	1.4%	1.47%	1.52%
贵州	0.41%	0.47%	0.49%	0.55%	0.52%	0.56%	0.64%	0.5%	0.57%	0.67%	0.65%	0.64%	0.61%	0.58%
云南	0.34%	0.36%	0.42%	0.43%	0.41%	0.61%	0.52%	0.55%	0.54%	0.6%	0.61%	0.63%	0.67%	0.67%
西藏	0.17%	0.14%	0.29%	0.16%	0.16%	0.14%	0.17%	0.2%	0.31%	0.3%	0.29%	0.19%	0.25%	0.28%
陕西	2.74%	2.57%	2.69%	2.63%	2.63%	2.52%	2.24%	2.23%	2.09%	2.31%	2.15%	1.99%	1.99%	2.12%
甘肃	0.69%	0.75%	0.89%	0.91%	0.85%	1.01%	1.05%	0.95%	1%	1.1%	1.02%	0.97%	1.07%	1.06%
青海	0.49%	0.4%	0.61%	0.62%	0.65%	0.54%	0.52%	0.49%	0.41%	0.69%	0.74%	0.75%	0.69%	0.65%
宁夏	0.54%	0.44%	0.52%	0.53%	0.57%	0.52%	0.7%	0.84%	0.69%	0.77%	0.68%	0.73%	0.78%	0.81%
新疆	0.23%	0.21%	0.22%	0.2%	0.27%	0.25%	0.28%	0.28%	0.38%	0.51%	0.49%	0.5%	0.53%	0.54%
最大值	4.93%	4.61%	5.07%	5.1%	5.24%	5.55%	5.5%	5.4%	5.25%	5.5%	5.82%	5.76%	5.95%	5.98%
最小值	0.15%	0.14%	0.2%	0.16%	0.16%	0.14%	0.17%	0.2%	0.23%	0.3%	0.29%	0.19%	0.25%	0.28%

资料来源：各年度《中国科技统计年鉴》

表 2-3 2000～2013 年我国各省区市政府经费占 R&D 经费比例数据表

省区市	2000 年	2001 年	2002 年	2003 年	2004 年	2005 年	2006 年	2007 年	2008 年	2009 年	2010 年	2011 年	2012 年	2013 年
北京	55.15%	50.97%	54.71%	49.53%	52.63%	52.38%	50.79%	57.67%	45.55%	52.27%	57.44%	53.15%	53.23%	57.34%
天津	22.66%	20.70%	23.15%	21.77%	18.79%	23.49%	15.11%	15.04%	13.19%	18.13%	19.23%	15.99%	16.11%	16.97%
河北	30.61%	28.92%	26.63%	28.22%	23.86%	19.70%	21.30%	19.71%	19.91%	21.73%	17.62%	16.11%	15.66%	13.76%
山西	29.07%	33.26%	25.65%	25.26%	20.19%	19.54%	13.86%	12.92%	11.91%	16.98%	14.64%	13.80%	13.72%	16.01%
内蒙古	46.19%	40.83%	35.37%	34.07%	26.40%	25.86%	23.00%	23.51%	16.68%	15.76%	14.71%	14.16%	11.64%	12.85%
辽宁	30.42%	25.50%	32.61%	23.39%	22.80%	20.95%	21.87%	22.97%	21.47%	20.99%	22.82%	22.61%	23.04%	21.65%
吉林	31.23%	31.10%	25.70%	27.95%	25.11%	20.20%	24.09%	27.93%	27.58%	31.45%	38.40%	37.55%	36.58%	35.65%
黑龙江	31.37%	31.81%	33.16%	37.56%	30.13%	35.24%	30.83%	43.54%	34.13%	37.57%	30.54%	28.13%	37.99%	42.04%
上海	21.85%	23.07%	24.78%	24.42%	22.44%	24.24%	23.31%	25.52%	27.06%	26.67%	29.64%	29.43%	33.23%	31.61%
江苏	19.53%	19.49%	14.11%	16.20%	12.90%	15.73%	13.58%	13.33%	11.66%	12.88%	13.35%	11.04%	10.78%	9.52%
浙江	14.27%	15.06%	16.09%	15.25%	14.56%	14.34%	13.92%	12.04%	9.19%	9.18%	9.71%	8.81%	8.36%	8.09%
安徽	32.52%	27.16%	36.09%	27.70%	27.68%	24.54%	20.21%	20.52%	16.16%	22.98%	22.03%	21.85%	21.37%	23.54%
福建	14.77%	15.36%	16.33%	13.03%	12.60%	11.52%	10.35%	13.08%	10.07%	10.82%	10.30%	8.26%	7.97%	8.25%
江西	29.20%	38.69%	33.48%	23.36%	24.74%	18.36%	21.37%	25.48%	20.14%	22.31%	19.86%	19.29%	17.21%	17.89%
山东	10.75%	10.17%	10.43%	9.28%	10.97%	8.12%	8.51%	8.38%	8.37%	8.64%	8.76%	8.53%	9.03%	8.38%
河南	23.09%	21.43%	24.03%	22.11%	17.66%	20.72%	16.71%	15.89%	13.20%	15.89%	15.02%	12.83%	13.74%	12.19%
湖北	27.63%	32.46%	34.51%	32.57%	28.18%	31.03%	30.11%	33.14%	26.18%	26.13%	23.45%	22.37%	21.58%	20.72%
湖南	18.70%	22.67%	22.14%	20.21%	17.17%	17.46%	19.59%	18.19%	17.37%	15.93%	14.24%	13.36%	12.87%	14.10%
广东	11.10%	11.29%	11.06%	11.37%	11.05%	10.96%	11.00%	9.89%	8.77%	8.77%	8.13%	9.01%	8.73%	8.05%
广西	28.44%	20.21%	25.70%	24.39%	22.34%	17.88%	25.93%	21.69%	17.98%	24.11%	24.20%	21.23%	21.87%	19.51%
海南	44.00%	52.34%	82.21%	60.10%	46.56%	29.56%	36.88%	43.42%	41.42%	54.51%	58.41%	41.02%	33.56%	35.02%
重庆	26.19%	20.41%	21.73%	18.33%	17.31%	18.10%	16.04%	15.66%	13.56%	19.27%	20.76%	15.69%	14.43%	13.66%

续表

省区市	2000年	2001年	2002年	2003年	2004年	2005年	2006年	2007年	2008年	2009年	2010年	2011年	2012年	2013年
四川	48.32%	49.45%	45.87%	43.90%	37.46%	36.99%	44.30%	37.65%	37.77%	48.69%	56.57%	51.05%	48.79%	38.20%
贵州	33.45%	29.90%	32.34%	31.28%	22.66%	23.36%	23.73%	25.06%	21.13%	21.00%	25.12%	20.72%	21.32%	26.18%
云南	42.89%	45.82%	43.04%	45.33%	38.47%	37.35%	38.61%	35.81%	29.46%	42.86%	39.53%	31.27%	31.66%	31.16%
西藏	53.44%	48.69%	67.44%	59.83%	69.87%	45.70%	69.87%	87.66%	78.30%	57.44%	72.49%	84.47%	69.61%	78.28%
陕西	54.81%	54.22%	67.00%	54.86%	48.22%	59.12%	54.87%	58.21%	51.32%	60.81%	60.23%	56.72%	56.35%	56.02%
甘肃	40.34%	35.98%	44.58%	43.03%	39.10%	40.56%	32.64%	31.34%	28.92%	38.00%	38.79%	35.34%	36.19%	35.79%
青海	29.80%	33.89%	31.06%	32.49%	31.53%	24.30%	29.95%	30.25%	19.83%	28.38%	31.35%	25.72%	26.76%	28.42%
宁夏	26.16%	32.41%	34.08%	28.63%	28.36%	22.15%	20.08%	18.07%	19.12%	23.35%	23.18%	21.99%	22.74%	21.12%
新疆	28.23%	28.44%	30.85%	28.20%	20.52%	24.63%	22.03%	26.63%	20.26%	28.80%	29.92%	26.68%	26.85%	26.18%

资料来源: 根据各年度《中国科技统计年鉴》的相关数据计算获得

表 2-4 2000~2013年我国各省区市企业经费占 R&D 经费比例数据表

省区市	2000年	2001年	2002年	2003年	2004年	2005年	2006年	2007年	2008年	2009年	2010年	2011年	2012年	2013年
北京	32.51%	29.74%	34.49%	35.51%	39.14%	39.88%	41.75%	37.81%	41.95%	36.07%	32.91%	34.48%	34.67%	33.85%
天津	57.89%	62.83%	64.66%	67.87%	70.75%	73.94%	76.33%	77.28%	76.91%	76.32%	74.14%	77.74%	78.81%	76.94%
河北	55.8%	58.16%	60.15%	58.03%	67.82%	75.43%	70.95%	74.45%	74.72%	75.13%	78.49%	82.76%	82.48%	84.18%
山西	47.72%	54.78%	58.02%	63.28%	70.08%	70.35%	78.94%	83.88%	83.1%	80.62%	83.3%	82.42%	83.25%	81.54%
内蒙古	48.67%	49.98%	56.03%	60.75%	66.83%	68.98%	66.92%	68.71%	68.85%	79.85%	82.13%	84.47%	83.76%	82.54%
辽宁	57.86%	63.13%	54.92%	66.76%	68.69%	70.69%	68.41%	70.41%	72.57%	77.01%	74.56%	76.03%	75.83%	76.23%
吉林	49.35%	42.54%	63.32%	60.6%	60.59%	70.07%	70.55%	66.89%	66.6%	65.07%	57.49%	59.15%	59.47%	59.76%
黑龙江	48.9%	49.74%	47.7%	51.49%	61.08%	53.52%	63.89%	53.39%	56.58%	59.91%	65.1%	69.62%	59.43%	55.61%
上海	62.31%	63.95%	65.07%	66.09%	68.33%	71.14%	66.53%	68.76%	67.01%	66.84%	66.07%	65.59%	60.87%	61.94%

续表

省区市	2000年	2001年	2002年	2003年	2004年	2005年	2006年	2007年	2008年	2009年	2010年	2011年	2012年	2013年
江苏	62.49%	63.75%	63.36%	65.39%	74.49%	70.99%	73.27%	75.51%	78.38%	81.89%	82.83%	85.42%	85.3%	86.11%
浙江	67.64%	69.45%	70.03%	72.57%	74.31%	76.78%	77.55%	79%	81.15%	88.68%	88.11%	87.62%	89.17%	89.76%
安徽	51.92%	57.13%	54.57%	48.72%	58.45%	57.63%	59.76%	62.63%	71.01%	69.32%	72.6%	74.38%	74.24%	73.26%
福建	71.18%	69.27%	68.87%	72.27%	75.74%	78.21%	76.9%	74.68%	78.28%	86.12%	86.86%	88.99%	89.51%	89.02%
江西	57.21%	55.11%	56.3%	64.88%	66.13%	73.08%	73.21%	66.88%	71.04%	73.88%	77.26%	77.95%	79.49%	76.83%
山东	71.54%	75.44%	74.63%	76.96%	77.3%	81.04%	82.66%	82.92%	84.17%	89.07%	89.31%	89.57%	88.9%	89.8%
河南	60.34%	60.91%	61.88%	67.42%	70.89%	69.77%	72.27%	74.59%	79.33%	81.36%	81.68%	83.71%	81.79%	84.4%
湖北	61.82%	61.78%	57.08%	58.6%	59.45%	61.44%	58.57%	57.16%	64.46%	70.35%	72.95%	74.02%	74.92%	75.94%
湖南	63.13%	64.05%	64.33%	63.32%	69.22%	70.67%	71.7%	72.94%	73.41%	79.21%	80.93%	82.67%	84.03%	83.19%
广东	72.39%	73.48%	72.91%	72.46%	74.33%	78.38%	79.77%	81.44%	82.69%	88.49%	87.66%	87.3%	88.25%	89.42%
广西	55.79%	58.21%	56.64%	56.84%	61.19%	69.29%	64.75%	66.48%	67.32%	71.83%	71.88%	74.18%	72.42%	74.74%
海南	51.98%	42.59%	24.55%	26.52%	49.1%	67.46%	59.66%	51.46%	47.33%	38.18%	36.84%	54.58%	56.8%	63.06%
重庆	53.03%	56.4%	62.16%	67.86%	71.98%	73.75%	69.91%	70.99%	70.27%	77.19%	75.33%	79.06%	78.74%	82.34%
四川	36.8%	38.41%	39.88%	42.38%	52.42%	54.78%	50.88%	54.45%	53.36%	48.38%	41.21%	46.06%	47.71%	50.05%
贵州	55.38%	54.95%	56.07%	57.26%	65.32%	65.49%	64.47%	65.14%	69%	69.77%	67.63%	74.06%	69.14%	66.95%
云南	39.74%	38.14%	40.81%	42.2%	46.5%	50.61%	54.47%	55.85%	58.89%	43.92%	55.2%	61.37%	62.44%	63.06%
西藏	2.15%	2.52%	1.56%	1.91%	2.34%	2.53%	1.96%	1.42%	17.05%	40.52%	25.15%	14.24%	28.65%	20.83%
陕西	31.88%	32.29%	27.94%	37.15%	40.9%	35.37%	36.92%	36.92%	39.64%	32.91%	35.28%	39.21%	39.87%	38.77%
甘肃	40.71%	43.81%	36.64%	38.81%	52.57%	58.82%	61.58%	67.47%	65.98%	55.67%	57.22%	59.95%	60.12%	61.29%
青海	55%	43.44%	56.85%	57.42%	49.37%	72.39%	68.78%	67.54%	58.65%	67.75%	64.5%	71.87%	70.34%	67.37%
宁夏	63.55%	53.76%	55.9%	61.82%	60.92%	56.13%	69.68%	72.74%	62.77%	75.12%	75.17%	74.64%	75.39%	77.54%
新疆	58.24%	56.84%	57.34%	61.86%	71%	69.27%	67.87%	63.27%	70.84%	65.34%	67.72%	69.52%	70.02%	70.42%

资料来源：根据各年度《中国科技统计年鉴》的相关数据计算获得

种变化可以从图 2-2 和图 2-3 的变化中窥见一斑。图 2-2 和图 2-3 分别为我国各省区市 2000 年和 2013 年政府资金与企业资金的数据图。

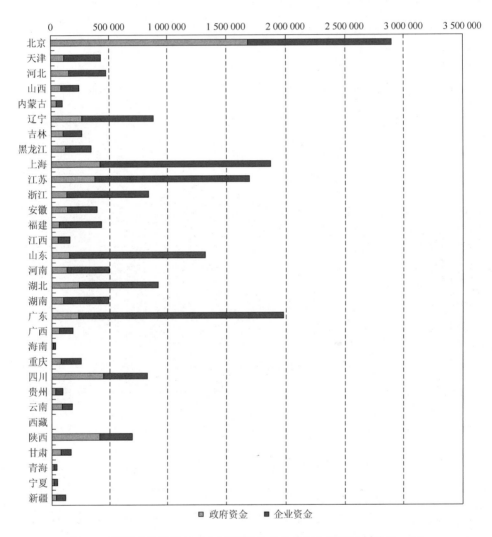

图 2-2　我国各省区市 2000 年政府资金与企业资金对比图（单位：元）

　　在图 2-2 中可以清晰地看到，北京的优势非常明显，特别是在政府资金方面是其他任何省区市都无法企及的；上海、江苏、山东和广东位于第二梯队，这些地区的 R&D 经费大多来源于企业资金，特别是广东和山东。但是经过 14 年的发展，在政府资金和企业资金投入不断变化的过程中，我国各地区在经费来源方面的格局已经发生了彻底的改变。

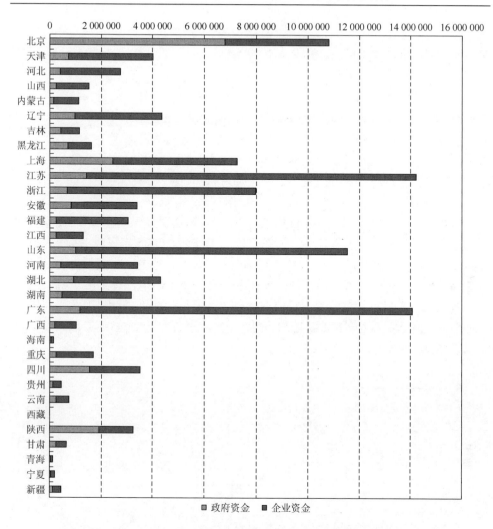

图 2-3　我国各省区市 2013 年政府资金与企业资金对比图（单位：元）

　　图 2-3 表明，江苏异军突起，成为 R&D 经费投入最多的省份，其政府资金的比例变化不大，这种变化主要来自于企业资金的大量投入，与江苏资金来源比例非常相似的是广东，其政府资金和企业资金的总和仅次于江苏，位列第二，山东也由于企业资金的大量增长而位列第三。北京和上海的传统优势地位受到了挑战，但是这两个地区在政府资金投入方面依然是其他地区无法比的，特别是北京的政府资金几乎达到上海政府资金和企业资金的总和，比许多省区市政府资金和企业资金的总和还多，这种资金来源的比例是非常特殊的。

三、我国区域自主创新人员投入的现状

衡量 R&D 人员投入的指标有很多，常见的如科技活动人员数、科学家与工程师数、R&D 人员全时当量等。R&D 人员全时当量是指全社会 R&D 活动人员中报告年度实际从事 R&D 活动的时间占制度工作时间 90%以上（含 90%）的人员数量，该指标可以更有效、准确地衡量参与 R&D 活动的科技人员数量，因此使用该指标来衡量创新人员的投入。表 2-5 为 2000～2013 年我国各省区市 R&D 人员全时当量情况。

从表 2-5 可见我国各省区市的 R&D 人员全时当量差异也是非常大的，最高的省区市集中在北京、上海、江苏、广东、四川和陕西，2006 年以前 R&D 人员全时当量最大的是北京，但是自 2007 年起广东成为 R&D 人员全时当量最大的省份，并一直持续。在样本区间内，浙江、海南和西藏的平均增速都超过了 20%，但海南和西藏的基数很小，导致其绝对值依然较小，而浙江的增长就显得尤为突出，这种变化在图 2-4 中表现得非常明显。图 2-4 为我国各省区市 2000 年、2006 年和2013 年 R&D 人员全时当量的对比图。

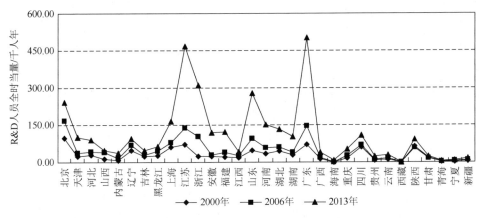

图 2-4　我国各省区市 2000 年、2006 年和 2013 年 R&D 人员全时当量对比图

从图 2-4 可见，2000～2006 年北京的优势非常明显，但是到了 2013 年北京的优势已经被江苏、浙江、山东和广东所取代，这种变化也体现了我国各省区市创新活动的变化。

随着我国各省区市 R&D 经费和人员投入的变化，各省区市在人均 R&D 经费投入上有什么样的变化呢？图 2-5 为我国各省区市 2000 年、2006 年和 2013 年 R&D人员全时当量平均使用 R&D 经费的对比情况。

表2-5　2000～2013年我国各省区市R&D人员全时当量表

（单位：千人年）

省区市	2000年	2001年	2002年	2003年	2004年	2005年	2006年	2007年	2008年	2009年	2010年	2011年	2012年	2013年
北京	98.8	95.3	114.9	109.9	151.5	171	168.4	187.6	189.55	191.78	193.7	217.3	235.49	242.17
天津	23	23.9	26.2	28.8	29.6	33.4	37.2	44.9	48.35	52.04	58.8	74.29	89.61	100.22
河北	29	28.2	32.9	34.4	34.8	41.7	43.7	45.3	46.15	56.51	62.3	73.02	78.53	89.55
山西	14	16.2	17.2	18.5	18.5	27.4	38.8	36.9	43.99	47.77	46.3	47.35	47.03	49.04
内蒙古	8	8	8.7	8.7	11.4	13.5	14.8	15.4	18.26	21.68	24.8	27.6	31.82	37.28
辽宁	49	52.8	64.7	56	60	66.1	69	77.2	76.67	80.93	84.7	80.98	87.18	94.89
吉林	24	17.9	19.6	19.5	22.2	25.6	28.5	32.5	31.73	39.39	45.3	44.81	49.96	48.01
黑龙江	26	32.2	34.2	34.6	39.2	44.2	45.1	48.2	50.72	54.16	61.9	66.6	65.12	62.66
上海	60	52	54.8	56.2	59.1	67	80.2	90.1	95.13	132.86	135	148.5	153.36	165.75
江苏	71	78.8	90.6	98.1	103.3	128	138.9	160.5	195.33	273.27	315.8	342.8	401.92	466.16
浙江	25	35.9	40	46.6	63.1	80.1	102.8	129.4	159.59	185.07	223.5	253.7	278.11	311.04
安徽	25	24.4	23.7	25.1	24.1	28.4	29.9	36.2	49.47	59.7	64.2	81.09	103.05	119.34
福建	22	24.8	22.4	26.6	31.8	35.7	40.2	47.6	59.27	63.27	76.7	96.88	114.49	122.54
江西	18	15.1	15.3	17	19.2	22	25.8	27.1	28.24	33.06	34.8	37.52	38.15	43.51
山东	48	46.8	72.6	78.3	72.3	91.1	96.6	116.5	160.42	164.62	190.3	228.6	254.01	279.33
河南	35	36.1	41.5	40.7	42.1	51.2	59.7	64.9	71.49	92.57	101.5	118	128.32	152.25
湖北	45	44.2	55.5	51.9	50.3	61.2	62.1	67.4	72.75	91.16	97.9	113.9	122.75	133.06

续表

省区市	2000年	2001年	2002年	2003年	2004年	2005年	2006年	2007年	2008年	2009年	2010年	2011年	2012年	2013年
湖南	29	28.7	29.2	27	31.3	38	39.8	44.9	50.25	63.84	72.6	85.78	100.03	103.41
广东	71	79.1	86.9	93.8	93.1	119.4	147.2	199.5	238.68	283.65	344.7	410.8	492.33	501.72
广西	13	9.5	12.1	13.2	14.8	17.9	18.9	20.1	23.24	29.86	34	40.14	41.27	40.66
海南	1	0.9	0.8	1	1.4	1.2	1.2	1.3	1.73	4.21	4.9	5.4	6.79	6.96
重庆	16.2	16.5	17.6	17.7	20.7	24.6	26.8	31.6	34.42	35.01	37.1	40.7	46.12	52.61
四川	60	48.2	61.3	57.9	60.1	66.4	68.6	78.8	86.74	85.92	83.8	82.48	98.01	109.71
贵州	8.1	9.5	9	8.6	7.8	9.8	10.7	11.4	11.46	13.09	15.1	15.89	18.73	23.89
云南	11	11.7	13.9	12.9	14.7	14.8	16	17.8	19.75	21.11	22.6	25.09	27.82	28.48
西藏	0.3	0.2	0.6	0.6	0.4	0.6	1	0.7	0.64	1.33	1.3	1.08	1.2	1.2
陕西	64	57.3	60.5	54.2	49	53.7	59.5	65.1	64.75	68.04	73.2	73.5	82.43	93.49
甘肃	18	17.3	14.7	16.9	14.4	16.8	16.7	18.8	20.12	21.16	21.7	21.33	24.29	25.05
青海	2.2	2	2	2.3	2.6	2.6	2.6	2.9	2.5	4.6	4.9	5.01	5.18	4.77
宁夏	2.6	2.8	3	2.7	3.5	4	4.4	5.6	5.15	6.92	6.4	7.36	8.07	8.23
新疆	4.2	4.6	5.3	5.3	6.1	7	7.4	8.9	8.81	12.66	14.4	15.45	15.67	15.82

资料来源：各年度《中国科技统计年鉴》

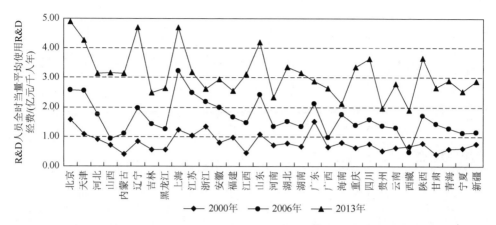

图 2-5　我国各省区市 2000 年、2006 年和 2013 年 R&D 人员全时当量平均使用 R&D 经费对比图

从图 2-5 可见在样本区间内，北京、辽宁、上海、山东、广东和陕西都是人均 R&D 经费较高的省市，但是 2013 年广东的人均 R&D 经费有所下降，而重庆和四川及湖北人均 R&D 经费上升得较快。

从以上对 R&D 经费投入和人员投入两方面来看，我国的创新资源大多集中于北京、上海、广东、山东、江苏等经济发达地区，而且这种集聚效应还有不断加强的趋势。

第二节　我国区域自主创新产出情况的现状

自主创新的产出成果有很多，主要包括专利、论文、技术市场成交合同额、新产品开发及生产等，一般用于衡量创新成果的指标是专利申请量，在此也选用专利申请量，因为它不仅反映了创新的成果，也反映了创新活动的积累。

一、我国区域专利申请量的现状

2000～2013 年我国各省区市在专利申请量方面存在很大的差异，相关数据如表 2-6 所示。

由表 2-6 可见我国各省区市专利申请量的差距也非常大。2000 年，北京、上海、浙江和山东的专利申请量已经超过 10 000 项，而广东已经超过 20 000 项，但是与此同时西藏却仅有 28 项，还有 5 个省区的专利申请量在百项左右。经过十多年的努力，至 2013 年西藏的专利申请量终于过百，达到了 203 项，尚未过千的只剩下西藏，但是这种差距并没有因此而减小，每年专利申请量的最大值和最小值的差距从 2000 年的 754 倍上升到 2013 年的 2485 倍。不过在样本区间内各省区市

表 2-6 2000～2013 年我国各省区市专利申请量情况表

（单位：项）

省区市	2000 年	2001 年	2002 年	2003 年	2004 年	2005 年	2006 年	2007 年	2008 年	2009 年	2010 年	2011 年	2012 年	2013 年
北京	10 344	12 174	13 842	17 003	18 402	22 572	26 555	31 680	43 508	50 236	57 296	77 955	92 305	123 336
天津	2 789	3 081	5 360	6 812	8 406	11 657	13 299	15 744	18 230	19 624	25 973	38 489	41 009	60 915
河北	3 848	4 695	5 390	5 623	5 647	6 401	7 220	7 853	9 128	11 361	12 295	17 595	23 241	27 619
山西	1 475	1 473	1 630	1 743	1 949	1 985	2 824	3 333	5 386	6 822	7 927	12 769	16 786	18 859
内蒙古	1 138	1 087	1 202	1 393	1 457	1 455	1 946	2 015	2 221	2 484	2 912	3 841	4 732	6 388
辽宁	7 151	7 514	9 851	13 545	14 695	15 672	17 052	19 518	20 893	25 803	34 216	37 102	41 152	45 996
吉林	2 501	2 627	3 413	4 267	3 657	4 101	4 578	5 251	5 536	5 934	6 445	8 196	9 171	10 751
黑龙江	3 106	3 670	4 392	4 972	4 919	6 050	6 535	7 242	7 974	9 014	10 269	23 432	30 610	32 264
上海	11 337	12 777	19 970	22 374	20 471	32 741	36 042	47 205	52 835	62 241	71 196	80 215	82 682	86 450
江苏	8 211	10 352	13 075	18 393	23 532	34 811	53 267	88 950	128 002	174 329	235 873	348 381	472 656	504 500
浙江	10 316	12 828	17 265	21 463	25 294	43 221	52 980	68 933	89 931	108 482	120 742	177 066	249 373	294 014
安徽	1 877	2 045	2 312	2 676	2 943	3 516	4 679	6 070	10 409	16 386	47 128	48 556	74 888	93 353
福建	4 211	4 971	6 522	7 236	7 498	9 460	10 351	11 341	13 181	17 559	21 994	32 325	42 773	53 701
江西	1 557	1 778	2 037	2 434	2 685	2 815	3 171	3 548	3 746	5 224	6 307	9 673	12 458	16 938
山东	10 019	11 170	12 856	15 794	18 388	28 835	38 284	46 849	60 247	66 857	80 856	109 599	128 614	155 170
河南	3 823	4 093	4 441	5 261	6 318	8 981	11 538	14 916	19 090	19 589	25 149	34 076	43 442	55 920
湖北	3 486	4 322	4 960	6 635	7 960	11 534	14 576	17 376	21 147	27 206	31 311	42 510	51 316	50 816

续表

省区市	2000年	2001年	2002年	2003年	2004年	2005年	2006年	2007年	2008年	2009年	2010年	2011年	2012年	2013年
湖南	4 117	4 292	4 859	6 054	7 693	8 763	10 249	11 233	14 016	15 948	22 381	29 516	35 709	41 336
广东	21 123	27 596	34 352	43 186	52 201	72 220	90 886	102 449	103 883	125 673	152 907	196 272	229 514	264 265
广西	1 762	1 838	1 927	2 250	2 202	2 379	2 784	3 480	3 884	4 277	5 117	8 106	13 610	23 251
海南	502	390	546	445	375	498	538	632	873	1 040	1 019	1 489	1 824	2 359
重庆	1 780	2 047	3 142	4 589	5 171	6 260	6 471	6 715	8 324	13 482	22 825	32 039	38 924	49 036
四川	4 496	5 039	5 997	7 443	7 260	10 567	13 109	19 165	24 335	33 047	40 230	49 734	66 312	82 453
贵州	986	950	1 260	1 242	1 486	2 226	2 674	2 759	2 943	3 709	4 414	8 351	11 296	17 405
云南	1 710	1 793	1 780	1 966	2 132	2 556	3 085	3 108	4 089	4 633	5 645	7 150	9 260	11 512
西藏	28	23	15	24	62	102	89	97	350	195	162	263	170	203
陕西	2 080	2 326	2 530	3 421	3 217	4 166	5 717	8 499	11 898	15 570	22 949	32 227	43 608	57 287
甘肃	798	734	781	961	910	1 759	1 460	1 608	2 178	2 676	3 558	5 287	8 261	10 976
青海	174	162	151	173	124	216	325	387	431	499	602	732	844	1 099
宁夏	341	412	503	441	399	516	671	838	1 087	1 277	739	1 079	1 985	3 230
新疆	1 088	1 086	1 239	1 473	1 492	1 851	2 256	2 270	2 412	2 872	3 560	4 736	7 044	8 224
最大值	21 123	27 596	34 352	43 186	52 201	72 220	90 886	102 449	128 002	174 329	235 873	348 381	472 656	504 500
最小值	28	23	15	24	62	102	89	97	350	195	162	263	170	203

资料来源：各年度《中国科技统计年鉴》

的年平均增长率均超过 10%，但相对来看，经济不发达地区的专利申请量增长率较低，其中内蒙古、吉林和海南的年平均增长率不足 15%，而年增长率超过 30% 的分别为江苏、安徽，在这些省区市中西藏属于比较特殊的，其每年专利申请量的增长率波动非常大，而且由于其基数太低，总体上依然是创新最弱的。图 2-6 为我国各省区市 2001 年、2006 年、2013 年及年平均专利申请量增长率的对比情况。

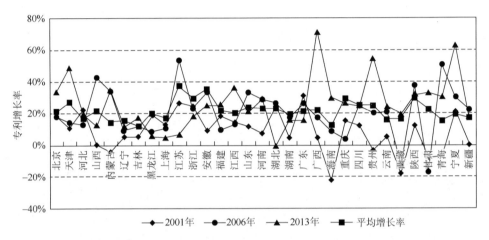

图 2-6　我国各省区市 2001 年、2006 年、2013 年及年平均专利申请量增长率对比图

由图 2-6 可见，2001 年内蒙古、海南、西藏、甘肃和青海都出现了较大的负增长，2006 年只有西藏和甘肃出现了较大幅度的负增长，到了 2013 年只有湖北出现了小幅的负增长，而天津、江西、广西、贵州和宁夏都呈现了大幅的正增长。由此可见从专利申请量的增长率来看，我国创新落后的地区正在快速成长，其创新能力在不断增强，但是由于各种因素，特别是创新资源缺乏等因素，其在创新方面的发展尚有很长的路要走。

二、我国区域专利申请量类型的现状

专利分为发明专利、外观设计专利和实用新型专利三种类型，其中实用新型专利能反映企业的工艺创新能力，外观设计专利能较直观地体现企业的市场创新能力，而发明专利则标志着企业的产品创新能力。我国各省区市的专利申请量中三种不同类型的专利所占比例存在很大的差异，而且这种差异在样本区间内发生着潜移默化的变化。图 2-7 为我国各省区市 2000 年三种专利申请量的分布情况。

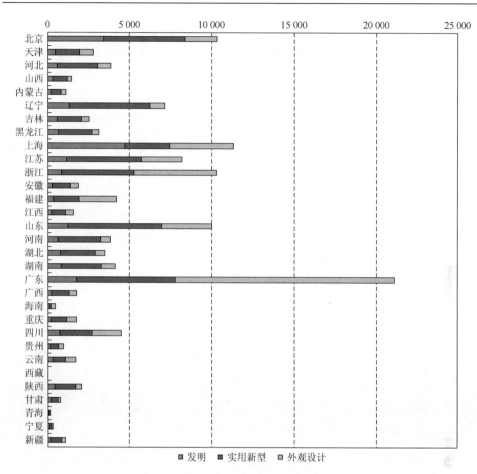

图 2-7　我国各省区市 2000 年三种专利申请量分布图（单位：项）

　　图 2-7 清楚地显示，2000 年相对于全国其他省区市而言，北京、辽宁、上海、江苏、浙江、山东和广东的三种专利申请量都是比较高的。具体来看，上海、北京的发明专利申请量相对于其他省区市来看所占比例要大得多；广东外观设计专利申请量则异军突起，明显高于其他省区市；在实用新型专利申请量中，北京、辽宁、江苏、浙江、山东和广东所占比例较大。由于发明专利并不能马上应用于生产并产生经济效益，从性质上来说属于公共品，这部分 R&D 活动主要是由政府支持的，而北京、上海集聚了我国众多的高校和科研院所，其 R&D 经费主要来源于政府，这可能是这两个直辖市发明专利所占比例较大的主要原因。广东汇集了大量的企业，特别是民营企业，是我国经济和创新都非常活跃的省份，企业的创新活动更注重于实用，希望能够尽快地产生经济效益，因此广东的外观设计专利申请量明显偏高是可以理解的。

但是随着经济的发展和各方面环境的变化，这种情况也在不断变化着，14 年之后，即我国各省区市 2013 年三种专利申请量的分布已经发生了明显的改变，如图 2-8 所示。

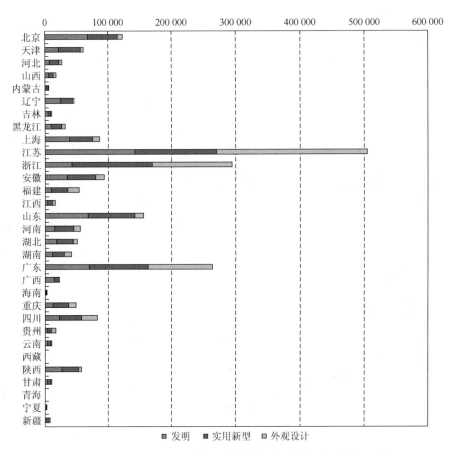

图 2-8　我国各省区市 2013 年三种专利申请量分布图（单位：项）

在图 2-8 中江苏异军突起成为各类专利申请量中的冠军，其次是浙江和广东，可见整个创新格局已经发生了很大的变化，相对于这些省份的发展而言，传统意义上的专利申请大省（自治区、直辖市），如北京、上海和辽宁都出现了明显的萎缩。在发明专利申请量中，江苏最大，其次是北京、山东和广东；外观设计专利申请量中江苏的比例也是最大的，其次是浙江和广东；在实用新型专利申请量中也是江苏最多，其次为浙江、山东和广东。由此可见我国创新的中心区域已经从北京、上海转移到了长三角地区，江苏三种专利的申请量都居全国前列，特别是其发明专利的申请量成为全国第一，浙江除了发明专利申请量相对于江苏、北京、山东和广东较少，其他两种专利的申请量也位于全国前列。根据前面对创新资源投入的分析可以看到，无论是在创新资源投入上，还是在创新成果产出上，江苏近几年的发展都是非常突出的。江苏与上海和浙江共同撑起了目前长三角地区的创新局面，在创新投入、创新产出和经济增长方面所取得的成就都是有目共睹的。

第三章　我国资本存量及 R&D 资本存量的计算

因为资本和 R&D 资本对经济增长的作用是一个长期积累的过程，所以在进行相关实证研究过程中会涉及资本存量和 R&D 资本存量，但是在统计年鉴中只有关于这两个指标的流量数据，需要对其进行计算，其计算过程又比较复杂，因此本章专门对资本存量和 R&D 资本存量进行计算，为后续研究做准备。在实证研究过程中，全国数据的样本区间为 1978～2013 年，各省区市数据的样本区间为 2000～2013 年。为了消除价格变化对数据的影响，本书对相关数据都进行了平减处理。在进行相关价格处理时，全国数据以 1978 年的不变价格为基年，各省区市数据以 2000 年的不变价格为基年。以下所用数据均来源于《中国统计年鉴》、《中国科技统计年鉴》和中经网统计数据库（http://db.cei.gov.cn），不再另做说明。

第一节　全国固定资本存量的计算

Goldsmith 在 1951 年开创的永续盘存法（perpetual inventory method，PIM）是在测算资本存量时采用的基本方法，现有文献对资本存量的计算，基本上都是在永续盘存法的基础上进行的，本书也采用这一方法对资本存量进行测算。该方法进行测算的基本公式为

$$K_t = I_t / P_t + (1 - \delta_t) K_{t-1} \tag{3-1}$$

式中，K_t 为第 t 年的实际资本存量；K_{t-1} 为第 $t-1$ 年的实际资本存量；I_t 为第 t 年的名义投资；P_t 为固定资产投资价格指数；δ_t 为第 t 年的固定资产折旧率。

一、基年资本存量的计算

本书的时间序列数据始于 1978 年，因此需要确定 1978 年的资本存量。目前，对 1978 年资本存量的计算结果主要有如下内容：张军和施少华（2003）在进行中国资本存量的计算中，1952～1990 年的资本数据直接引用了贺菊煌（1992）的测算结果，1991～1998 年的资本数据是在此基础上，根据各年的全社会固定资产投资总额（total investment in fixed assets）推算的，其计算的 1978 年的资本存量为 24 501 亿元（按 1990 年不变价格计算）；郭庆旺和贾俊雪（2004）测算的 1978 年我国的资本存量为 3837 亿元（按 1978 年不变价格计算）；张军和章元（2003）

计算的 1978 年我国的资本存量为 12 361.96 亿元（按 1952 年不变价格计算）等。在此采用张军和施少华按 1990 年不变价格计算的结果，即 1978 年我国固定资本存量为 24 501 亿元，然后利用固定资产投资价格指数，将其换算为以 1978 年为不变价格计算的数据，其值等于 13 243.78 亿元。

二、对当年固定资产投资的选取

现有文献对当年固定资产投资的选取方法主要有三种：第一种是采用"积累"（accumulation）[①]的概念及其相应的统计口径，如张军扩（1991）、Chow（1993）、贺菊煌（1992），以及沿用贺菊煌（1992）方法的张军（2002）及张军和章元（2003）都采用了这一方法；第二种是采用全社会固定资产投资，如王小鲁和樊纲（2000）；第三种是大部分近期研究采用的资本形成总额（gross capital formation）或固定资本形成总额（gross fixed capital formation）。本书采用固定资本形成总额，其原因在于侯亚非（2000）认为，因为我国有关资本流动的来源和使用范围极不规范，统计口径不一致，无法得到完整的投资统计资料，所以用固定资本代表总资本；并且 Young（2000）认为，发展中国家国民经济核算中"存货增加"数据，是为了平衡生产法和支出法各自计算结果之间的巨大差异，往往是一个捏造的误差项；《新中国五十年统计资料汇编》和《中国国内生产总值核算历史资料（1952—1995）》中公布了较为完整的固定资本形成总额及其指数数据。因此，本书认为固定资本形成总额是衡量当年固定资产投资的合理指标。

三、固定资产折旧率的选取

在固定资产折旧率的选取上，Perkins（1988）、胡永泰（1998）、王小鲁和樊纲（2000）Wang 和 Yao（2003）以及郭庆旺和贾俊雪（2004）均假定固定资产折旧率为 5%；Young（2000）则假定 6%的折旧率，这也是 Hall 和 Jones（1999）在研究 127 个国家资本存量时采用的通用折旧率；龚六堂和谢丹阳（2004）对全国各省区市都假定了 10%的折旧率；宋海岩等（2003）则假定各省区市每年的折旧率为全国折旧率加上各省区市每年的经济增长率，其理由是各省区市资本实际使用情况不同，经济增长较快的省区市必然会比增长较慢的省区市更快

---

① 积累总额的定义是：在一年之内，国民收入使用额中用于社会扩大再生产和非生产性建设以及增加社会生产性与非生产性储备的总额。其物质形态为一年内物质生产部门和非物质生产部门新增加的固定资产（扣除固定资产磨损价值）与流动资产。积累总额也可分为固定资产积累和流动资产积累两部分（《国民收入统计资料汇编：1949—1985》，P459）

地使用资本，从而有更多的折旧；黄勇峰等（2002）在一项中国制造业资本存量的研究中，估算出设备的折旧率为17%，建筑物为8%；张军等（2004）在计算各省区市固定资本形成总额时采用了9.6%的折旧率。从对上述文献的分析可以发现，研究者对折旧率的设定具有很大的差异。本书通过利用全国各省区市2000～2008年的折旧额进行汇总，形成全国各年份的资本折旧额，然后除以以2000年为基年的固定资产价格指数，得到不变价格的折旧额，最后利用全国的资本数据计算出2000～2008年全国的资本折旧率，对各年份的折旧率求平均值为7%，考虑到5%的资本折旧率相对于中国改革开放后的经济增长来说偏低，而9.6%又有些偏高，因此在后续的研究中均采用7%的资本折旧率。但是本书分别采用5%、7%和9.6%三种折旧率对固定资本存量进行计算，以期对估算结果进行对比。

　　本书利用以1978年为基年的固定资产投资价格指数和式（3-1），对1978～2013年我国资本存量数据进行了相应的计算。其计算结果如表3-1所示。

表 3-1　1978～2013 年不同折旧率计算我国资本存量数据（单位：亿元）

年份	5%折旧率	9.6%折旧率	7%折旧率
1978	13 243.78	13 243.78	13 243.78
1979	13 710.98	13 101.76	13 446.10
1980	14 281.27	13 099.83	13 760.72
1981	14 800.45	13 075.49	14 030.71
1982	15 413.44	13 173.26	14 401.57
1983	16 157.09	13 422.95	14 907.79
1984	17 161.05	13 946.16	15 676.05
1985	18 406.94	14 711.27	16 682.67
1986	19 810.57	15 622.97	17 838.86
1987	21 491.42	16 794.54	19 261.52
1988	23 264.76	18 030.18	20 761.13
1989	24 626.89	18 824.65	21 833.22
1990	26 005.17	19 627.11	22 914.51
1991	27 701.11	20 739.10	24 306.70
1992	29 960.62	22 392.71	26 249.79
1993	32 965.02	24 745.45	28 914.74
1994	36 620.91	27 674.02	32 194.85
1995	40 832.98	31 060.43	35 984.32

续表

年份	5%折旧率	9.6%折旧率	7%折旧率
1996	45 482.51	34 769.81	40 156.60
1997	50 312.35	38 535.87	44 449.60
1998	55 630.29	42 669.99	49 171.69
1999	61 251.56	46 976.45	54 132.45
2000	67 403.36	51 681.09	59 557.56
2001	74 273.09	56 959.60	65 628.43
2002	82 367.85	63 299.90	72 842.85
2003	92 415.42	71 389.07	81 909.82
2004	104 128.48	80 869.55	92 509.96
2005	117 253.54	91 437.55	104 365.74
2006	132 789.59	104 058.28	118 458.87
2007	150 490.91	118 409.49	134 507.56
2008	170 507.68	134 583.49	152 633.34
2009	196 511.39	156 192.57	176 478.10
2010	225 744.81	180 257.07	203 183.62
2011	257 497.26	205 992.08	232 000.46
2012	292 340.45	233 934.89	263 478.48
2013	330 674.78	264 428.50	297 986.34

第二节 各省区市资本存量的测算

在对各省区市资本存量进行测算时，依然采用永续盘存法，其资本存量的计算公式为

$$K_{it} = K_{it-1}(1-\delta_{it}) + I_{it} / P_{it} \tag{3-2}$$

式中，i 为第 i 个省（自治区、直辖市），t 为第 t 年。式（3-2）中一共涉及四个变量：基年资本存量 K 的确定；当年固定资产投资额 I 的选取；资本折旧率 δ 的确定；固定资产价格指数 P 的选取。下面对这些变量的选取进行详细的论述。

一、基年资本存量的选取

本书中各省区市数据的样本区间是 2000～2013 年。2000 年基年的资本存量

数据采用张军等（2004）以 2000 年当年不变价格计算的各省区市的资本存量。但是在该研究中，因为重庆的数据是从 1996 年开始独立核算的，为了保持数据的一致性，该研究将 1996 年后重庆的数据并入四川，所以该研究缺少重庆的资本存量数据。为了保证数据的完整性，本书在张军等研究的基础上，对重庆和四川的数据进行分离，并对各省区市的资本存量进行重新计算。

目前，基年资本存量估算方法主要有两种：第一种如张军扩（1991）接受 Perkins 对中国 1953 年资本产出比为 3 的假设，利用 1953 年中国的国民收入倒推 1952 年的资本存量为 2000 亿元左右（按 1952 年不变价格计算）；第二种是在许多国际研究中估计初始资本存量时采用的通用的方法，如 Hall 和 Jones（1999）在估计各国 1960 年资本存量时，就是采用 1960 年的投资比 1960~1970 年各国投资增长的几何平均数，加上折旧率后的比值。Young（2000）用类似的方法估计出 1952 年中国固定资本存量约为 815 亿元（按 1952 年不变价格计算），采用 10%的比例作为分母，去除初始年份的投资数据。张军等（2004）采用的估计方法和 Young（2000）相同，即用各省区市 1952 年的固定资本形成额除以 10%作为该省区市的初始资本存量。

本书沿用这一方法，利用 2000 年各省区市的固定资本形成额除以 10%，但计算得到 2000 年各省区市初始固定资本存量数据是张军等（2004）计算得到的数据的 2 倍。本书认为究其原因在于以上文献都是计算 1952 年我国各省区市的资本存量，在当时的情况下，以 10%作为固定资本增长的几何平均数是与当时的事实相符的，但是近几年，我国的投资增长速度加快已是不争的事实，也就是说 10%的固定资本增长速度已经与我国当前固定资产投资的增长速度不相符了。因此，本书重新测算了我国全社会固定资产投资总额的增长速度，结果表明，1987~2007 年我国全社会固定资产投资总额平均年增长率为 20.5%，其增长速度与 1952 年相比正好提高了一倍，这与前面测算的固定资本存量的结果相符。因此本书以各省区市 2000 年的固定资本形成额除以 20%进行计算，得到各省区市 2000 年的固定资本存量。计算结果与张军等推算出的数据只有个别省区市差距较大，绝大多数基本相符，平均相对误差为 9.84%。比较结果如表 3-2 所示。本书以此计算结果作为 2000 年各省区市基年的固定资本存量。

表 3-2　2000 年各省区市固定资本存量比较表　　　（单位：亿元）

省区市	2000a	2000b	相对误差	省区市	2000a	2000b	相对误差
北京	7 041	7 001.8	0.56%	湖北	5 185	7 259.25	40%
天津	3 846	3 475.5	9.36%	湖南	5 722	5 410	5.45%
河北	9 486	9 231.45	2.68%	广东	16 084	15 469	3.82%
山西	3 205	3 288	2.59%	广西	3 405	3 353.5	1.51%

续表

省区市	2000a	2000b	相对误差	省区市	2000a	2000b	相对误差
内蒙古	2 461	2 197.1	10.72%	海南	1 275	990	22.35%
辽宁	7 597	6 469.6	14.84%	重庆		3 140.05	
吉林	3 372	3 139	6.91%	四川	10 254	7 003.45	31.70%
黑龙江	5 755	4 612	19.86%	贵州	2 282	2 281.3	0.03%
上海	10 809	9 665.05	10.58%	云南	4 133	3 611.35	12.62%
江苏	15 642	15 627.1	0.1%	西藏	220	332.5	51.14%
浙江	10 798	11 336	4.98%	陕西	4 249	3 981	6.31%
安徽	5 391	4 682	13.15%	甘肃	1 680	1 869.5	11.28%
福建	6 281	6 084.55	3.13%	青海	739	784.85	6.2%
江西	3 281	3 027.7	7.72%	宁夏	820	804.1	1.94%
山东	14 694	15 795	7.49%	新疆	3 673	3 240.5	11.78%
河南	8 625	8 207.15	4.84%	平均相对误差			9.84%

注：2000a 列为张军等（2004）计算的各省区市 2000 年固定资本存量，2000b 为本书以 20% 为除数计算得到的各省区市 2000 年固定资本存量，两组数据均以 2000 年当年不变价格计算。相对误差的计算公式为：相对误差 = |2000a 列−2000b 列|/2000a 列，其中四川 2000b 的数据为四川和重庆之和

二、当年固定资产投资额及折旧率的选取

在对我国各省区市当年固定资产投资额进行选取时，依然使用在计算全国固定资本存量时的指标，即将固定资本形成额数据作为当年固定资产投资额。

在折旧率的选取时，由于存在和在计算全国资本存量中选取折旧率时相同的理由，本书在计算全国资本存量和区域资本存量时均采用 7% 的折旧率，而没有采用张军等（2004）在计算各省区市固定资本形成总额时采用的 9.6% 的折旧率。

三、固定资产价格指数的选取

本书中各省区市固定资产价格指数以 2000 年为基年。对相关缺失数据做如下处理：广东缺失 2000 年的固定资产价格指数，在此使用与其在地理和经济水平上都较为接近的福建的固定资产价格指数进行替代；西藏缺失所有的数据，但为了将其纳入研究体系，本书以全国固定资产价格指数进行替代。经过计算，我国各省区市 2000～2013 年以 2000 年为基年计算的固定资本存量如表 3-3 所示。

表 3-3　2000～2013 年我国各省区市固定资本存量表

（单位：亿元）

省区市	2000年	2001年	2002年	2003年	2004年	2005年	2006年	2007年	2008年	2009年	2010年	2011年	2012年	2013年
北京	7 001.8	8 104.2	9 469.4	11 168.3	13 028.3	15 072.2	17 279.6	19 664.9	21 596.3	23 873.3	26 654.7	30 060.9	33 432.9	37 012.8
天津	3 475.5	4 040.0	4 691.3	5 522.8	6 460.7	7 595.4	8 970.7	10 632.9	12 770.8	16 048.4	20 104.4	25 207.5	30 499.1	36 311.5
河北	9 231.5	10 534.8	11 867.9	13 507.9	15 576.7	18 309.7	21 546.1	25 305.7	30 008.2	35 495.8	41 420.7	48 781.3	56 477.9	64 442.4
山西	3 288.0	3 788.4	4 381.0	5 132.8	6 110.7	7 347.9	8 861.3	10 657.4	12 541.8	15 292.3	18 525.0	22 180.4	25 799.3	29 830.8
内蒙古	2 197.1	2 549.3	3 087.2	4 047.0	5 421.1	7 402.8	9 739.2	12 629.6	15 934.0	20 535.6	25 627.9	31 406.8	37 974.6	45 702.8
辽宁	6 469.6	7 455.1	8 543.1	9 973.5	11 968.8	14 388.8	17 553.7	21 621.5	26 351.0	31 588.2	37 862.9	45 267.3	52 853.8	60 931.4
吉林	3 139.0	3 611.4	4 164.1	4 837.6	5 698.7	6 940.8	8 953.2	11 700.0	15 293.4	19 271.3	23 902.4	28 332.7	33 190.2	38 090.3
黑龙江	4 612.0	5 334.9	6 110.9	6 912.4	7 830.0	8 906.4	10 268.4	11 999.2	14 014.6	17 033.4	19 959.5	23 441.4	27 299.2	31 814.8
上海	9 665.1	11 073.9	12 641.3	14 312.0	16 245.2	18 473.3	21 017.5	24 142.8	27 046.7	30 496.6	33 455.6	36 910.0	39 616.9	42 579.0
江苏	15 627.1	18 048.2	20 681.2	24 359.5	28 615.3	34 017.2	40 026.2	46 584.7	53 506.0	62 482.2	72 734.9	84 205.5	96 024.8	107 793.0
浙江	11 336.0	13 177.3	15 481.0	18 687.1	22 409.8	26 492.8	30 913.8	35 549.6	39 907.2	45 340.4	51 470.1	58 412.4	64 855.7	71 952.6
安徽	4 682.0	5 381.9	6 144.5	7 038.8	8 268.8	9 683.6	11 365.4	13 361.1	15 651.3	18 386.2	21 668.7	25 538.0	29 743.0	34 370.7
福建	6 084.6	6 934.9	7 844.2	8 957.9	10 350.3	12 160.6	14 407.8	17 239.7	20 707.6	24 741.5	29 062.5	34 851.8	40 363.8	46 571.4
江西	3 027.7	3 520.2	4 216.0	5 142.6	6 245.9	7 521.8	8 966.6	10 782.7	12 755.9	15 015.0	17 456.0	20 305.8	23 125.7	26 048.6
山东	15 795.0	18 159.0	20 977.6	24 420.4	28 797.8	34 329.4	40 697.0	47 980.5	55 934.5	65 791.2	76 777.6	88 904.0	101 340.5	114 524.0
河南	8 207.2	9 416.3	10 794.2	12 402.7	14 375.2	17 293.5	21 231.9	26 336.4	32 240.0	40 121.6	49 149.8	59 164.1	70 082.7	82 136.3
湖北	7 259.3	8 360.4	9 476.7	10 631.0	12 013.1	13 680.3	15 835.4	18 416.5	21 270.9	24 945.9	29 315.9	34 928.1	40 720.3	47 178.2

续表

省区市	2000 年	2001 年	2002 年	2003 年	2004 年	2005 年	2006 年	2007 年	2008 年	2009 年	2010 年	2011 年	2012 年	2013 年
湖南	5 410.0	6 248.6	7 170.3	8 212.8	9 433.2	11 023.5	12 907.2	15 372.4	18 369.4	21 971.4	26 474.1	31 795.1	37 320.0	43 369.0
广东	15 469.0	17 826.8	20 606.7	24 048.3	27 849.4	32 611.5	37 945.3	44 044.1	50 241.5	58 463.0	68 032.3	79 442.9	90 597.2	102 957.4
广西	3 353.5	3 839.9	4 394.8	5 038.4	5 875.9	7 002.7	8 481.5	10 329.2	12 656.9	16 355.3	21 472.9	27 534.3	33 546.6	38 512.1
海南	990.0	1 128.3	1 280.3	1 452.0	1 640.1	1 859.8	2 116.0	2 442.4	2 856.8	3 352.4	3 988.3	4 747.3	5 739.5	6 867.1
重庆	3 140.1	3 665.9	4 314.6	5 181.2	6 199.2	7 423.8	8 776.3	10 284.8	11 869.1	13 837.0	16 172.4	19 141.7	22 029.2	25 069.4
四川	7 003.5	8 060.9	9 262.2	10 671.5	12 248.1	14 139.5	16 501.3	19 406.6	22 578.3	26 410.8	30 866.6	36 152.2	41 679.1	47 440.9
贵州	2 281.3	2 695.2	3 166.5	3 691.8	4 240.6	4 853.8	5 555.8	6 357.2	7 269.1	8 393.3	9 755.9	11 452.8	13 604.2	16 351.9
云南	3 611.4	4 121.1	4 684.8	5 392.0	6 228.1	7 297.4	8 603.5	9 669.6	10 726.5	12 664.4	15 674.7	19 677.3	23 900.3	28 715.5
西藏	332.5	394.7	475.4	576.9	691.7	821.2	971.2	1 142.8	1 207.1	1 242.6	1 290.4	1 650.5	2 117.7	2 705.2
陕西	3 981.0	4 558.7	5 201.9	6 083.4	7 079.8	8 331.8	9 974.2	11 922.8	14 321.3	17 219.0	20 907.8	25 166.9	29 779.9	34 640.4
甘肃	1 869.5	2 192.7	2 562.4	2 977.2	3 458.3	3 996.5	4 597.7	5 294.8	6 091.5	7 042.9	8 171.0	9 641.1	11 144.8	12 895.5
青海	784.9	931.5	1 102.0	1 292.1	1 491.8	1 716.9	1 960.6	2 230.8	2 522.4	2 948.2	3 517.2	4 234.1	5 214.1	6 453.3
宁夏	804.1	941.3	1 101.9	1 330.0	1 584.1	1 871.6	2 196.2	2 601.2	3 125.3	3 836.2	4 689.3	5 589.5	6 555.3	7 633.0
新疆	3 240.5	3 716.2	4 290.2	5 006.1	5 772.6	6 670.3	7 769.3	8 774.3	9 848.8	11 024.1	12 582.7	14 503.9	17 154.1	20 576.7

第三节　R&D 资本存量的计算

一、R&D 资本存量的计算方法

目前，国内大多数研究科技投入的文献都将 R&D 经费或 R&D 人员作为创新投入的变量。当以 R&D 经费来衡量科技投入时，很多研究都是简单地将 R&D 投入的当期值或其滞后结构代入模型中。但是，美国经济学家 Griliches（1980a）指出，R&D 投入是一种流量，是每年用于 R&D 的费用支出，支出的主体用它来进行 R&D 活动，生产新的技术知识，而主体所拥有的技术知识大部分是以往 R&D 所生产的知识和经验的积累，即科技知识的存量，也就是 R&D 资本存量。因此，本书在进行相关实证研究时均没有使用 R&D 资本流量数据，而是使用 R&D 资本存量数据。下面对 R&D 资本存量进行相应的计算。

对 R&D 资本存量的估算一般也使用永续盘存法。Cuneo 和 Mairesse（1983）、Griliches 和 Mairesse（1982）、Griliches（1980a，1980b，1986，1998）、Goto 和 Suzuki（1989）、Coe 和 Helpman（1995）、Hall 和 Mairesse（1995）、Crépon 和 Duguet（1997）、Hu 等（2005）在测算 R&D 资本存量时均使用了这一方法。本书也使用这一方法来估算全国及各省区市的 R&D 资本存量。

参照 Griliches（1980a，1986，1998）、Goto 和 Suzuki（1989）的方法，t 期的 R&D 资本存量可以用过去所有时期的 R&D 支出现值与 $t-1$ 期的 R&D 资本存量现值之和来表示，如式（3-3）所示：

$$R_t = \sum_{i=0}^{n} \mu_i E_{t-i} + (1-\delta)R_{t-1} \qquad (3\text{-}3)$$

式中，R 为 R&D 资本存量；i 为滞后期；μ 为 R&D 支出滞后贴现系数；E 为 R&D 支出；δ 为 R&D 资本存量的折旧率。因为难以得到确定 R&D 支出滞后结构的相关信息，所以一般都是简单地假定平均滞后期为 θ，并假定 $t-\theta$ 期的 R&D 支出直接构成 t 时期的 R&D 资本存量的增量。假定平均滞后期 $\theta=1$，则式（3-3）可以转化为

$$R_t = E_t + (1-\delta)R_{t-1} \qquad (3\text{-}4)$$

式（3-4）中共涉及四个变量：①当期 R&D 支出 E 的选取；②R&D 价格指数的构造，构造的目的在于反映 R&D 支出中价格的变化；③折旧率 δ 的确定；④基年 R&D 资本存量 R_0 的确定。

二、当期 R&D 支出的选取

我国 1987 年才有正式的 R&D 支出统计数据，因此，很多文献在对我国 R&D 投入进行研究时，都采用国家财政科技拨款作为 R&D 投入的数据。从对相关数据的分析可以看出，1985 年以前，我国科技经费主要依靠国家财政科技拨款，科技体制的改革，开辟了科技经费多层次、多渠道的来源。目前，我国科技经费，除国家财政科技拨款之外，还有企业投入、银行科技贷款及少量的国外资助，其中，国家财政科技拨款和企业投入是我国科技经费的主要组成部分。因此，单纯使用国家财政科技拨款作为 R&D 支出数据是不科学的，并不能反映我国科技投入的真实情况。

本书对 1978～2007 年我国国家财政科技拨款、科技经费筹集额、科技经费内部支出额和 R&D 经费四组数据进行对比，以期找出最能够反映我国实际情况的当期 R&D 支出数据。其相关数据如表 3-4 所示。

表 3-4　1978～2007 年我国国家财政科技拨款、科技经费筹集额、科技经费内部
支出额和 R&D 经费数据　　　　　　　　（单位：亿元）

年份	国家财政科技拨款	科技经费筹集额	科技经费内部支出额	R&D 经费	年份	国家财政科技拨款	科技经费筹集额	科技经费内部支出额	R&D 经费
1978	52.89				1993	225.61	675.49	622.77	248.01
1979	62.29				1994	268.25	788.91	738.71	306.26
1980	64.59				1995	302.36	962.51	846.91	348.69
1981	61.58				1996	348.63	1043.19	932.98	404.48
1982	65.29				1997	408.86	1181.93	1065.23	509.16
1983	79.10				1998	438.6	1289.76	1128.47	551.12
1984	94.72				1999	543.9	1460.61	1284.93	678.91
1985	102.59				2000	575.6	2346.68	2050.25	895.66
1986	112.57				2001	703.3	2589.4	2312.55	1042.49
1987	113.79			74.03	2002	816.22	2937.99	2671.54	1287.64
1988	121.12	264.8		89.5	2003	944.6	3459.1	3121.57	1539.63
1989	127.87	286.32		112.31	2004	1095.3	4328.33	4004.43	1966.33
1990	139.12	301.3		125.43	2005	1334.91	5250.83	4836.22	2449.97
1991	160.69	427	388.47	159.46	2006	1688.5	6196.71	5757.27	3003.1
1992	189.26	557.32	489.33	198.03	2007	2115.5	7695.2	7098.90	3710.2

资料来源：中国科技统计网（www.sts.org.cn）

表 3-4 中的数据显示，1987～1991 年现有的四组数据中最小的是 R&D 经费，其次是国家财政科技拨款，再次是科技经费内部支出额，最大的是科技经费筹集额，其中国家财政科技拨款与 R&D 经费在数值上最接近，同时国家财政科技拨款的数据比较齐全，所以 R&D 经费中缺失的 1978～1986 年的数据就依据这期间的国家财政科技拨款的数据进行估算。

国家财政科技拨款包括四个部分，分别是事业费、三项费、基建费和其他，其中事业费是指各级科技行政主管部门归口管理的科学事业费，以及中国社会科学院系统和高技术研究计划的经费；三项费是指新产品试制费、中间试验费和重大科研项目补助费；基建费是指国家计划委员会（现为国家发展和改革委员会）安排的基本建设支出中用于国家重大科学工程建设、用于独立科研单位的资金和用于高等院校和企业的科研资金。1987～1991 年我国国家财政科技拨款数据中事业费、三项费和基建费的拨款数额及其所占比例如表 3-5 所示。

表 3-5 1987～1991 年我国国家财政科技拨款构成表

年份	国家财政科技拨款/亿元	R&D 经费		事业费		三项费		基建费	
		费用/亿元	比例	费用/亿元	比例	费用/亿元	比例	费用/亿元	比例
1987	113.79	74.03	65%	29.50	26%	50.60	44%	22.87	20%
1988	121.12	89.50	74%	35.65	29%	54.05	45%	19.70	16%
1989	127.87	112.31	88%	38.45	30%	59.13	46%	17.91	14%
1990	139.12	125.43	90%	44.44	32%	63.48	46%	17.47	13%
1991	160.69	159.46	99%	54.15	34%	73.32	46%	18.40	11%

资料来源：中国科技统计网（www.sts.org.cn）

由表 3-5 中的数据可见，1987 年国家财政科技拨款中事业费和三项费比例之和就已经达到国家财政科技拨款的 70%，而该年 R&D 经费只占了国家财政科技拨款的 65%，考虑到 1987～1991 年我国 R&D 经费与国家财政科技拨款的比例是逐年上升的，由此可以推断 1978～1986 年该比例应该也是逐年上升的，但其不应该超过 1987 年（65%），综合以上分析，并且为了处理方便，本书选择 1978～1986 年国家财政科技拨款的 60% 作为这期间的 R&D 经费支出额。

经过上述处理，本书得到了 1978～2013 年 R&D 经费的支出数据，如表 3-6 所示。

表 3-6 1978～2013 年 R&D 经费的支出数据　（单位：亿元）

年份	R&D 经费	年份	R&D 经费	年份	R&D 经费
1978	31.73	1981	36.95	1984	56.83
1979	37.37	1982	39.17	1985	61.55
1980	38.75	1983	47.46	1986	67.54

年份	R&D 经费	年份	R&D 经费	年份	R&D 经费
1987	74.03	1996	404.48	2005	2 449.97
1988	89.50	1997	509.16	2006	3 003.10
1989	112.31	1998	551.12	2007	3 710.20
1990	125.43	1999	678.91	2008	4 616.02
1991	159.46	2000	895.66	2009	5 802.11
1992	198.03	2001	1 042.49	2010	7 062.58
1993	248.01	2002	1 287.64	2011	8 687.01
1994	306.26	2003	1 539.63	2012	10 298.40
1995	348.69	2004	1 966.33	2013	11 846.60

在各省区市的 R&D 支出数据中，1987～2013 年的 R&D 支出数据本书直接选取《中国科技统计年鉴》中各省区市的 R&D 经费。

三、全国 R&D 价格指数的构造

R&D 价格指数的构造一直是创新经济学研究中的一个棘手问题（Mansfield，1984）。Jaffe（1989）将 R&D 价格指数表示为非金融企业中工资价格指数和国民生产总值（gross national product，GNP）隐含指数的加权平均值，前者权重为 0.49，后者权重为 0.51；Griliches（1980a；1980b）、Jensen（1987）在其实证研究中也沿用了这一方法。Mansfield（1984）在假定具有不变规模报酬的 C-D 生产函数的基础上，推导了各产业的 R&D 价格指数；Loeb 和 Lin（1977）以 R&D 人员的工资价格指数与设备投资的 GNP 价格指数的加权平均值来表示，前者赋予 0.55 的权重，后者赋予 0.45 的权重。朱平芳和徐伟民（2003）将 R&D 价格指数设定为消费价格指数与固定资产投资价格指数的加权平均值，其中消费价格指数的权重为 0.55，固定资产投资价格指数的权重为 0.45。吴延兵（2006）在对我国大中型工业企业 R&D 价格指数进行计算时，分别计算了原材料购进价格权重为 0.4、0.5、0.6，而固定资产投资价格指数权重相应为 0.6、0.5、0.4 三种情况下 R&D 价格指数。

由此可见，在构造过程中，R&D 价格指数的构成及其构成部分的权重赋予各式各样，并没有统一的规范，而且所有的文献都没有给出构造 R&D 价格指数的依据。本书在构造 R&D 价格指数时进行了详细的研究，在一定程度上解决了上述问题。本书构造 R&D 价格指数的基本思路是：首先测算 R&D 支出中各部分支出所占的比例，然后以此为依据赋予各部分不同的权重。

由于我国科技经费内部支出额的数据比较完整，且与科技经费筹集额的支出

比例比较接近，本书利用科技经费内部支出额数据进行比例分析。我国科技经费内部支出额由三部分构成：劳务费、原材料费和固定资产购建费。根据前期研究的计算结果，1995～2006 年每年全国科技经费内部支出额各部分在 R&D 经费中所占的比例分别为 22.09%、49.26%、28.65%，为了今后研究的方便，此后在计算 R&D 价格指数时规定各部分的权重分别为劳务费占 20%，原材料费占 50%，固定资产购建费占 30%。各部分相关价格指数选择的标准为：劳务费的价格指数采用商品零售价格指数；由于我国原材料、燃料、动力购进价格指数缺失严重，只能查到 1985～2007 年的数据，原材料费的价格指数没有采用原材料、燃料、动力购进价格指数，而是采用工业品出厂价格指数；固定资产购建费采用固定资产价格指数。在确定了相关数据后，本书利用式（3-5）计算出我国 R&D 价格指数。

$$RD_i = \sum_{i=1}^{3} W_i P_i \qquad (3-5)$$

式中，W_i 为构成 R&D 支出各部分的权重；P_i 为构成 R&D 支出各部分的价格指数。计算结果如表 3-7 所示。

表 3-7　　1978～2013 年我国 R&D 价格指数

年份	R&D 价格指数	年份	R&D 价格指数	年份	R&D 价格指数
1978	1.000	1990	1.881	2002	3.619
1979	1.018	1991	2.004	2003	3.692
1980	1.045	1992	2.190	2004	3.892
1981	1.061	1993	2.689	2005	4.015
1982	1.072	1994	3.158	2006	4.103
1983	1.084	1995	3.556	2007	4.257
1984	1.112	1996	3.713	2008	4.566
1985	1.205	1997	3.750	2009	4.410
1986	1.267	1998	3.668	2010	4.604
1987	1.355	1999	3.611	2011	4.883
1988	1.574	2000	3.673	2012	4.891
1989	1.803	2001	3.661	2013	4.884

四、我国各省区市 R&D 价格指数的构造

在构造各省区市 R&D 价格指数时，前期的构造方法是：首先利用我国各省区市 2000～2007 年科技经费内部支出额数据，计算出各省区市每年各部分所占比

例；然后求其平均值，得到各省区市 R&D 支出各部分的比例。全国及各省区市 R&D 支出组成部分的权重如表 3-8 所示。

表 3-8　全国及各省区市 R&D 支出组成部分的权重

项目	劳务费	原材料费	固定资产购建费	项目	劳务费	原材料费	固定资产购建费
全国	0.22	0.49	0.29	河南	0.22	0.42	0.36
北京	0.24	0.56	0.2	湖北	0.23	0.51	0.26
天津	0.22	0.49	0.29	湖南	0.23	0.47	0.3
河北	0.21	0.47	0.32	广东	0.29	0.4	0.31
山西	0.23	0.36	0.41	广西	0.27	0.44	0.29
内蒙古	0.28	0.42	0.3	海南	0.31	0.45	0.24
辽宁	0.22	0.54	0.24	重庆	0.22	0.46	0.32
吉林	0.22	0.58	0.2	四川	0.21	0.49	0.3
黑龙江	0.26	0.50	0.24	贵州	0.27	0.42	0.31
上海	0.23	0.51	0.26	云南	0.25	0.43	0.32
江苏	0.21	0.47	0.32	西藏	0.51	0.32	0.17
浙江	0.24	0.45	0.31	陕西	0.2	0.52	0.28
安徽	0.17	0.41	0.42	甘肃	0.31	0.42	0.27
福建	0.26	0.39	0.35	青海	0.29	0.43	0.28
江西	0.26	0.39	0.35	宁夏	0.24	0.45	0.31
山东	0.2	0.45	0.35	新疆	0.3	0.43	0.27

考虑到如果每次都计算这个比例虽然更精确，但是不利于长期研究，为了使该方法更加简便，通过分析这些相关数据可以发现各省区市的比例比较接近，为此确定各省区市 R&D 经费支出中各部分的构成比例分别为劳务费 25%，原材料费 45%，固定资产购建费 30%。劳务费的价格指数采用商品零售价格指数，原材料费的价格指数采用工业品出厂价格指数，固定资产购建费的价格指数采用固定资产价格指数。这些要使用的价格指数存在一定的数据缺失，本书对其进行了相应的处理。其中，海南缺失 2000～2001 年的工业品出厂价格指数，西藏缺失 2000～2005 年的工业品出厂价格指数，在此均以全国的工业品出厂价格指数进行替代（由于西藏 2006 年和 2007 年已经有了相关的数据，为了以后分析的方便，在此没有采用一般将西藏剔除的做法）。利用式（3-5）进行计算，得到的结果如表 3-9 所示。

表 3-9 我国各省区市 2000~2013 年 R&D 价格指数

省区市	2000年	2001年	2002年	2003年	2004年	2005年	2006年	2007年	2008年	2009年	2010年	2011年	2012年	2013年
北京	1.000	1.007	0.988	1.002	1.031	1.043	1.042	1.056	1.111	1.070	1.096	1.142	1.150	1.148
天津	1.000	0.984	0.963	0.984	1.030	1.038	1.047	1.073	1.139	1.091	1.133	1.186	1.181	1.175
河北	1.000	1.001	0.994	1.038	1.126	1.160	1.175	1.239	1.391	1.299	1.379	1.470	1.441	1.427
山西	1.000	1.006	1.020	1.090	1.201	1.279	1.296	1.373	1.605	1.524	1.626	1.733	1.693	1.621
内蒙古	1.000	1.004	1.005	1.033	1.079	1.122	1.153	1.209	1.325	1.294	1.365	1.459	1.477	1.466
辽宁	1.000	0.995	0.984	1.012	1.068	1.105	1.136	1.187	1.293	1.245	1.309	1.390	1.403	1.404
吉林	1.000	1.008	1.004	1.021	1.067	1.099	1.118	1.158	1.224	1.200	1.248	1.315	1.320	1.322
黑龙江	1.000	0.984	0.973	1.033	1.119	1.219	1.293	1.359	1.507	1.395	1.534	1.681	1.695	1.684
上海	1.000	0.987	0.974	0.987	1.029	1.041	1.048	1.073	1.126	1.085	1.117	1.170	1.169	1.169
江苏	1.000	1.000	0.993	1.019	1.088	1.109	1.125	1.167	1.243	1.207	1.276	1.355	1.341	1.339
浙江	1.000	0.993	0.979	0.996	1.046	1.061	1.087	1.124	1.192	1.149	1.208	1.279	1.268	1.266
安徽	1.000	0.993	0.993	1.024	1.092	1.115	1.140	1.192	1.290	1.229	1.308	1.407	1.408	1.405
福建	1.000	0.987	0.972	0.981	1.013	1.021	1.026	1.063	1.107	1.074	1.109	1.165	1.167	1.168
江西	1.000	0.987	0.981	1.015	1.091	1.141	1.207	1.275	1.371	1.306	1.429	1.560	1.545	1.543
山东	1.000	1.005	1.001	1.028	1.090	1.122	1.143	1.186	1.275	1.229	1.290	1.368	1.368	1.368
河南	1.000	1.005	0.995	1.033	1.126	1.167	1.200	1.261	1.387	1.337	1.411	1.508	1.516	1.515
湖北	1.000	0.997	0.987	1.018	1.075	1.111	1.136	1.184	1.268	1.237	1.290	1.375	1.395	1.402

续表

省区市	2000年	2001年	2002年	2003年	2004年	2005年	2006年	2007年	2008年	2009年	2010年	2011年	2012年	2013年
湖南	1.000	1.001	0.997	1.023	1.090	1.137	1.174	1.243	1.351	1.313	1.380	1.483	1.491	1.495
广东	1.000	0.992	0.972	0.977	1.011	1.029	1.042	1.066	1.124	1.086	1.120	1.173	1.185	1.192
广西	1.000	1.036	1.013	1.035	1.106	1.142	1.201	1.252	1.357	1.299	1.395	1.496	1.493	1.487
海南	1.000	0.991	0.979	0.986	1.014	1.020	1.030	1.076	1.161	1.106	1.173	1.258	1.281	1.285
重庆	1.000	0.998	0.989	1.002	1.041	1.064	1.087	1.135	1.216	1.179	1.212	1.271	1.287	1.287
四川	1.000	1.012	1.002	1.015	1.073	1.109	1.135	1.188	1.298	1.273	1.321	1.402	1.406	1.410
贵州	1.000	1.016	1.009	1.034	1.097	1.141	1.172	1.230	1.356	1.321	1.370	1.443	1.465	1.459
云南	1.000	1.000	0.992	1.008	1.087	1.128	1.163	1.224	1.300	1.244	1.314	1.376	1.378	1.378
西藏	1.000	0.993	0.983	0.993	1.029	1.059	1.094	1.114	1.167	1.157	1.197	1.243	1.257	1.271
陕西	1.000	1.015	1.022	1.057	1.115	1.184	1.252	1.298	1.406	1.377	1.462	1.557	1.583	1.582
甘肃	1.000	1.009	1.001	1.052	1.143	1.208	1.284	1.345	1.427	1.371	1.497	1.620	1.611	1.599
青海	1.000	0.979	0.984	1.019	1.085	1.142	1.205	1.262	1.376	1.331	1.421	1.517	1.517	1.519
宁夏	1.000	1.009	1.008	1.037	1.109	1.151	1.195	1.242	1.376	1.337	1.425	1.542	1.535	1.517
新疆	1.000	1.001	0.988	1.063	1.164	1.269	1.375	1.453	1.648	1.507	1.740	1.936	1.917	1.894

五、R&D 资本存量折旧率 δ 的确定

Pakes 和 Schankerman（1984）认为，由于知识的更新速度较快以及知识扩散造成的知识专用性的下降，R&D 资本存量（知识存量）的折旧率通常较高，R&D 资本存量的折旧率一定比物资资本的折旧率要高。从现有文献来看，R&D 资本存量折旧率 δ 的确定主要有三种方法：第一种是根据经验直接将折旧率 δ 设定为 15%，如 Griliches 和 Lichtenberg（1984）、Jaffe（1989）、Hall 和 Mairesse（1995）、Adams 和 Jaffe（1996）、Crépon 和 Duguet（1997）、Hu 等（2005）在对 R&D 资本存量进行衡量时，都使用了 15% 的折旧率；第二种是通过计算专利各期收益贴现值总和与专利更新费用差额，也就是通过对专利净收益的计算来估计 δ（Bosworth，1978；Pakes and Schankerman，1984）；第三种假定 δ 值是专利产生收益时间长度的反函数，如果专利的生命足够长，那么就可以假定 δ 值足够小（Goto and Suzuki，1989）。因为第二种和第三种方法需要详细的专利数据，而我国还没有这方面的系统数据，所以本书采用第一种方法，无论在全国 R&D 资本存量计算时，还是在各省区市 R&D 资本存量计算时，都选取了大多数文献中常用的 15% 的折旧率。

六、基年 R&D 资本存量 R_0 的确定

目前，对基年 R&D 资本存量的确定主要是根据 Goto 和 Suzuki（1989）、Coe 和 Helpman（1995）的方法。该方法假定 R&D 资本存量 R 的平均增长率等于 R&D 支出 E 的平均增长率，如式（3-6）所示：

$$\frac{R_t - R_{t-1}}{R_{t-1}} = \frac{E_t - E_{t-1}}{E_{t-1}} = g \tag{3-6}$$

式中，g 为 R&D 支出 E 的平均增长率。当 $t=1$ 时，如式（3-7）所示：

$$R_1 = (1+g)R_0 \tag{3-7}$$

当 $t=1$ 时，式（3-4）可转变为

$$R_1 = E_0 + (1-\delta)R_0 \tag{3-8}$$

利用式（3-7）和式（3-8）可以得到两种计算基年 R&D 资本存量的公式，其一是将式（3-7）和式（3-8）合并，可得

$$R_0 = \frac{E_0}{g+\delta} \tag{3-9}$$

其二是将式（3-8）代入式（3-7）中，消除掉 R_0 项，可得

$$R_1 = \frac{1+g}{g+\delta} E_1 \qquad (3\text{-}10)$$

由式（3-10）可以得到计算基年 R&D 资本存量的另一个公式：

$$R_0 = \frac{1+g}{g+\delta} E_0 \qquad (3\text{-}11)$$

R&D 经费的增长率 g 是为了消除宏观经济或政策变化而导致的 R&D 支出的大幅波动，在确定该数值时早期都是分别对其进行计算的，但是通过对全国 1978～2013 年以及各省区市 2000～2013 年 R&D 经费年平均增长率的计算和观察发现，无论是全国，还是各省区市，各年 R&D 经费的增长率在求平均值之后变化不大，为了减少工作量，在此将这一数据进行固化，全国及各省区市 R&D 经费的平均增长率如表 3-10 所示。

表 3-10　全国及各省区市 R&D 经费的平均增长率

项目	平均增长率	项目	平均增长率	项目	平均增长率
全国	20%	浙江	30%	重庆	25%
北京	17%	安徽	24%	四川	20%
天津	25%	福建	24%	贵州	20%
河北	20%	江西	25%	云南	20%
山西	25%	山东	28%	西藏	26%
内蒙古	30%	河南	23%	陕西	16%
辽宁	20%	湖北	21%	甘肃	19%
吉林	20%	湖南	25%	青海	25%
黑龙江	20%	广东	23%	宁夏	23%
上海	20%	广西	23%	新疆	24%
江苏	27%	海南	29%		

资料来源：根据中国科技统计网相关数据计算得到

以上四组数据确定之后，就可以根据式（3-9）或者式（3-11）计算全国 1978～2013 年的 R&D 资本存量和我国各省区市 2000～2013 年的 R&D 资本存量了。在对全国 R&D 资本存量进行计算时，大多数学者使用了式（3-9），如吴延兵（2006，

2008)、杨鹏（2007）、杨鹏等（2005）等；也有学者使用了式（3-11）计算基年
R&D 资本存量，如吴延兵（2006）等。在对全国基年 R&D 资本存量进行计算
时，本书分别利用式（3-9）和式（3-11）进行了相关计算，具体计算结果如表 3-11
所示。

表 3-11　1978～2013 年我国 R&D 资本存量数据（1978 年为基年）（单位：亿元）

年份	式（3-9）	式（3-11）	年份	式（3-9）	式（3-11）
1978	90.67	108.80	1996	523.11	524.08
1979	113.80	129.21	1997	580.41	581.24
1980	133.81	146.92	1998	643.59	644.29
1981	148.56	159.69	1999	735.07	735.67
1982	162.81	172.28	2000	868.68	869.18
1983	182.16	190.21	2001	1023.12	1023.56
1984	205.95	212.78	2002	1225.43	1225.79
1985	226.14	231.96	2003	1458.64	1458.95
1986	245.51	250.45	2004	1745.05	1745.32
1987	263.31	267.51	2005	2093.49	2093.71
1988	280.66	284.23	2006	2511.31	2511.51
1989	300.86	303.90	2007	3006.27	3006.43
1990	322.42	325.00	2008	3566.30	3566.44
1991	353.64	355.83	2009	4346.89	4347.01
1992	391.02	392.89	2010	5228.75	5228.85
1993	424.59	426.17	2011	6223.53	6223.61
1994	457.87	459.22	2012	7395.75	7395.82
1995	487.26	488.40	2013	8711.88	8711.94

由表 3-11 的计算结果可以发现，无论采用哪一种计算公式，只对早期的计
算结果有一些影响，1990 年以后这两组计算结果的数据趋于一致，因此采用哪
一种计算公式对数据的影响不大，本书和大多数文献一样采用式（3-9）的计算
结果。

在对各省区市基年 R&D 资本存量进行计算时，考虑到式（3-11）的计算结果
可能能够更好地体现各省区市 R&D 资本存量变化的差异，本书采用式（3-11）对
我国各省区市基年 R&D 资本存量进行测算，其计算结果如表 3-12 所示。

表 3-12 2000~2013 年我国各省区市 R&D 资本存量数据

(单位：亿元)

省区市	2000 年	2001 年	2002 年	2003 年	2004 年	2005 年	2006 年	2007 年	2008 年	2009 年	2010 年	2011 年	2012 年	2013 年
北京	473.82	572.78	709.03	858.45	1037.51	1248.25	1476.40	1733.32	1968.60	2297.93	2703.27	3117.56	3574.61	4070.60
天津	60.54	76.77	97.44	124.67	159.82	207.71	269.68	337.85	424.44	520.30	640.44	785.63	951.83	1173.38
河北	73.56	88.31	108.87	129.21	148.77	177.25	215.92	256.17	296.16	355.50	414.90	489.60	586.72	696.25
山西	24.48	31.54	40.94	49.32	61.37	72.71	89.83	112.22	134.39	167.30	197.49	233.31	276.47	330.62
内蒙古	6.61	9.50	12.89	17.14	21.80	28.95	38.91	53.09	70.71	100.36	131.96	170.57	213.66	261.57
辽宁	112.82	150.07	200.25	252.20	314.52	380.21	442.73	515.62	585.32	684.23	801.30	942.80	1080.07	1235.68
吉林	37.90	48.58	67.60	84.68	105.24	125.23	143.05	165.52	183.84	224.07	251.20	281.26	322.25	364.44
黑龙江	40.01	54.44	70.21	91.32	109.20	132.95	157.13	182.17	212.37	258.80	300.17	331.77	368.13	410.77
上海	204.00	262.64	336.49	416.61	520.46	642.44	793.15	960.72	1132.23	1352.66	1580.87	1854.67	2157.84	2498.84
江苏	170.87	237.50	319.99	419.72	553.44	713.74	914.36	1145.86	1441.22	1806.55	2207.80	2662.83	3223.99	3850.83
浙江	73.83	104.44	144.25	198.11	278.83	390.89	538.42	708.13	890.92	1104.34	1347.82	1613.21	1941.05	2295.46
安徽	50.75	64.38	80.60	100.18	119.91	143.09	173.65	207.82	252.87	325.63	401.95	494.16	620.17	777.68
福建	53.88	68.70	83.50	109.18	138.12	169.89	210.11	255.92	309.56	389.15	484.86	602.31	744.12	901.37
江西	19.97	24.88	33.10	44.86	57.87	74.21	94.36	118.47	146.74	182.84	216.46	246.05	282.72	328.12
山东	117.73	160.69	224.67	291.98	378.59	495.71	626.26	795.66	1016.43	1286.77	1614.52	1989.52	2436.68	2930.83
河南	62.76	81.50	98.74	117.03	137.11	164.15	206.05	255.34	305.20	390.19	481.36	584.54	701.80	831.02
湖北	91.58	114.77	146.07	178.03	204.02	240.87	287.87	338.74	405.44	517.17	644.30	782.48	940.77	1117.93

续表

省区市	2000年	2001年	2002年	2003年	2004年	2005年	2006年	2007年	2008年	2009年	2010年	2011年	2012年	2013年
湖南	46.84	63.80	80.52	97.86	117.18	138.75	163.61	198.23	251.89	331.01	416.57	511.37	627.63	752.21
广东	280.57	376.98	481.35	593.17	713.01	842.94	1016.88	1243.74	1504.21	1879.85	2320.19	2863.84	3477.82	4166.83
广西	21.65	26.13	31.14	37.33	42.47	48.88	56.73	65.79	80.09	104.41	133.85	167.91	207.81	249.06
海南	1.78	2.32	3.22	3.96	5.43	6.18	7.29	8.61	10.16	13.88	17.76	23.37	30.57	37.50
重庆	24.35	30.71	38.87	50.46	65.60	85.79	106.89	132.26	161.93	205.06	257.05	319.50	395.77	473.53
四川	131.62	168.72	205.22	252.67	287.46	331.40	376.69	437.32	495.24	589.42	701.11	805.75	934.39	1077.89
贵州	11.24	14.78	18.58	23.42	27.82	33.32	40.70	45.76	52.84	64.89	77.06	90.66	105.53	122.05
云南	18.28	23.23	29.62	36.11	42.20	54.78	64.56	76.02	88.45	105.10	122.98	145.31	173.42	205.33
西藏	0.49	0.62	1.03	1.19	1.36	1.48	1.70	2.07	2.79	3.58	4.30	4.62	5.83	6.77
陕西	159.43	186.45	217.90	249.52	286.98	322.01	354.69	395.25	437.91	509.83	582.15	655.00	738.14	844.11
甘肃	21.44	26.55	33.52	40.63	47.12	56.29	66.50	75.65	86.59	100.81	113.67	126.56	145.12	165.19
青海	3.17	3.92	5.44	6.99	8.75	10.03	11.29	12.62	13.56	17.23	21.62	26.68	31.33	35.71
宁夏	4.07	4.94	6.14	7.51	9.14	10.52	13.10	17.15	20.03	24.80	29.15	34.70	41.37	48.95
新疆	8.00	9.99	12.06	13.82	16.91	19.42	22.68	26.17	31.95	41.63	50.73	60.16	71.87	85.11

第四章　我国省级区域 R&D 投入对经济增长作用途径研究

第一节　概　　述

新经济增长理论认为，技术是有目的的 R&D 活动的结果，大量的实证研究结果也证实 R&D 投入与经济增长之间存在明显的正相关关系（Griliches，1986；Aghion and Howitt，1992；朱平芳，1999），技术创新也由此成为现代经济增长的源泉。R&D 产品具有典型的公共品特征，其对产业结构和区域整体经济活动能够表现出较强的外部性，并最终表现为产业的整体提升和区域技术水平的提高。

此外，地理学第一定律认为"任何事物之间大多相关，而离得较近的事物总比离得较远的事物相关性要高"（Tobler，1979），因此大量的 R&D 理论较为一致性地认为，R&D 投入所衍生的技术变化将产生明显的溢出效应，一个地区的 R&D 投入不仅会对本地区的经济增长产生影响，而且会通过空间溢出效应对周边地区的经济增长产生影响（Cabrer-Borras and Serrano-Domingo，2007；项歌德等，2011）。具体到中国样本，我国各省区市由于初级资源禀赋、历史文化条件、发展路径和宏观政策支持力度的差异，经济发展表现出严重失衡态势，并且这种失衡在我国近30 年的高速增长过程中不但没有表现出经典经济增长理论所推论的收敛性倾向，而且地区差异呈现不断扩大的趋势，在影响资源配置效率，造成整体经济效益损失的同时，还衍生出诸多社会公平问题，引起社会矛盾冲突和严重的政治后果（胡鞍钢等，1995；林毅夫等，1998）。考虑到美国经济在 19 世纪下半叶和 20 世纪上半叶的高速发展就部分得益于其地区间差距的缩小（Higgins，1998），这实际上从理论和现实层面均提供了一个改变区域经济失衡、保证经济体均衡增长的现实路径，即借助于技术进步的溢出效应和后发技术优势来弥补地区经济增长的差异。

由此，在围绕 R&D 投入和经济增长而展开的研究中，关注 R&D 产品溢出效应对区域差异的影响并进而影响到整个经济体增长表现的文献越来越多，但是在中国问题的研究上，特别是在中国当前高度分权的行政管理架构下，一个省（自治区、直辖市）的 R&D 投入会对整个国家的经济增长产生怎样的影响，其在作用于区域内部经济增长的同时，又是通过哪些途径影响相邻区域经济发展，进而影响整个国家经济发展的，目前来看，对这个问题的研究还不是很充分，因此有必要对其进行深入的研究。

当前进行知识溢出空间计量分析的研究主要集中在两方面，一方面是研究空间距离对知识溢出效应的影响，如 Adams（2002）、Keller（2002）、符淼（2009）、孙建和齐建国（2011）的文献，另一方面是以专利作为 R&D 活动的产出成果，研究 R&D 活动产出的空间溢出效应，如 Jaffe（1989）、苏方林（2006）、李婧等（2010）、项歌德等（2011）的文献。但是 Griliches（1990）认为用专利表示技术的缺陷在于专利量本身并不体现专利的质量，也不体现专利在经济增长中发挥的作用，并且不是所有的发明都申请了专利，尤其是某些核心技术的拥有者为避免他人模仿而没有注册专利。目前在研究 R&D 投入对经济增长空间溢出问题的过程中还存在一定的不足，例如，王家庭（2012）研究了各因素对我国区域工业经济增长的影响，但其使用的是截面数据，这增加了结果的偶然性和随机性；黄苹（2008）利用面板数据，以人均 GDP 作为因变量，对 R&D 溢出与地区经济增长的关系进行了空间计量分析，但其使用的是基于地理位置相邻的空间权重矩阵，既没有考虑到距离因素，也没有考虑到经济因素。本书在这些学者研究的基础上，使用我国各省区市 2000～2013 年的面板数据，以 GDP 为被解释变量，从地理距离和经济距离两个角度构建了空间权重矩阵，从国家创新体系的全局视角，利用空间计量理论和方法对我国各省区市 R&D 投入对经济增长的空间溢出效应进行实证研究，从而为制定更合理的区域创新政策、促进区域经济的协调稳定发展提供更准确的依据。

第二节　模型的设定

一、理论模型

Griliches（1979）最早提出利用知识生产函数研究 R&D 相关投入对产出的影响，他使用了 C-D 生产函数的框架，此后 Pakes 和 Griliches（1984）等学者都利用知识生产函数研究过知识溢出的地理范围问题。随着空间计量经济学的发展，Anselin 等（1997）、Bode（2001）等利用空间计量模型研究了 R&D 知识生产和溢出的问题。本书依然沿用传统 C-D 生产函数的研究框架，引入 R&D 投入作为新的生产要素，由于 R&D 投入涉及资金技术和人员投入两个方面，改进后的 C-D 生产函数形式如式（4-1）所示：

$$Y = AK^{\alpha}L^{\beta}RD^{\gamma}H^{\lambda} \tag{4-1}$$

式中，A 为科技进步系数，代表除物质资本、劳动投入和 R&D 投入之外的所有其他影响产出的因素；K 为资本要素的投入；α 为资本投入的产出弹性；L 为劳动要素的投入；β 为劳动投入的产出弹性；RD 为 R&D 资金投入；γ 为 R&D

资金投入的产出弹性；H 为 R&D 人员投入；λ 为 R&D 人员投入的产出弹性。将式（4-1）两边取对数得

$$\ln Y = \ln A + \alpha \ln K + \beta \ln L + \gamma \ln RD + \lambda \ln H \qquad (4\text{-}2)$$

但是，在运用式（4-2）进行生产函数估计的时候，资本、劳动力和 R&D 资本、R&D 人员之间可能会出现高度多重共线性的问题，为了避免这种现象发生，提高模型的分析精度，对式（4-2）做如下处理：将 Y 和 K 分别除以 L，形成劳动力人均产出和劳动力人均拥有资本，RD 除以 H 得到 R&D 活动人员的人均资金投入，即设 $y = \dfrac{Y}{L}$，$k = \dfrac{K}{L}$，$r = \dfrac{RD}{H}$，则式（4-2）可转化为

$$\ln y = \ln A + \alpha \ln k + \gamma \ln r \qquad (4\text{-}3)$$

设 $a = \ln A$，则一个地区的 C-D 生产函数可表示为

$$\ln y_{it} = a + \alpha \ln k_{it} + \gamma \ln r_{it} \qquad (4\text{-}4)$$

式中，i 为地区；t 为时间；y_{it}、k_{it}、r_{it} 分别为第 i 个地区第 t 年的劳动力人均产出、劳动力人均拥有资本、R&D 活动人员人均拥有 R&D 资金；α、γ 分别为劳动力人均资本投入的产出弹性、R&D 活动人员人均 R&D 资金投入的产出弹性。改进后的 C-D 生产函数将原本分摊在资本和劳动要素上的科技创新要素的影响从函数中分离出来，形成独立的第三个要素来反映 R&D 投入对产出的影响。将式（4-4）转换为经济计量模型为

$$\ln y_{it} = \beta_{i0} + \beta_{i1} \ln k_{it} + \beta_{i2} \ln r_{it} + \mu_{it} \qquad (4\text{-}5)$$

式中，μ_{it} 为随机误差项。

二、空间计量模型

空间计量经济学的概念最早是由 Paelinck 在 1974 年提出的，此后经过众多学者的不断丰富，特别是 Anselin 等的不断拓展，逐渐形成了较为完整的研究体系。在利用空间计量模型进行分析时使用的数据一般有两种：一种是采用截面数据，如 Anselin 等（1997）、苏方林（2006）、吴玉鸣和何建坤（2008）等的文献；另一种是采用面板数据，如 Funke 和 Niebuhr（2005）、黄苹（2008）、李婧等（2010）、项歌德等（2011）的文献。利用截面数据的空间计量模型简便易行，但仅仅用样本考察期内某一年数据进行估计，一方面忽视了创新产出和投入之间时间上的滞后效应，另一方面使得数据信息没有充分利用，增加了结果的偶然性和随机性（李婧等，2010）。因此本书利用面板数据进行空间计量分析，将包含更多的数据点，带来更大的自由度，提高模型分析的精确度。

空间面板计量经济模型主要有两种：空间滞后模型（spatial lag model，SLM）和空间误差模型（spatial error model，SEM）。其中空间滞后模型也称为空间自回

归模型（spatial autoregressive model，SAM），主要探讨各变量在一个地区是否有扩散现象（溢出效应），其模型形式为

$$Y = \rho WY + X\beta + \varepsilon \tag{4-6}$$

空间误差模型主要用于度量邻近地区关于因变量的误差冲击对本地区观察值的影响程度，其模型形式为

$$\left. \begin{array}{l} Y = X\beta + \varepsilon \\ \varepsilon = \lambda W\varepsilon + \mu \end{array} \right\} \tag{4-7}$$

式中，Y 为因变量；X 为 $n \times k$ 的外生解释变量矩阵；ρ 为空间自回归系数，反映了样本观测值中的空间依赖作用，即相邻区域的观测值 WY 对本地区观测值 Y 的影响方向和程度；W 为 $n \times n$ 阶的空间权重矩阵；λ 为空间自相关系数，反映了样本观测值中的空间依赖作用，即相邻区域的误差 $W\varepsilon$ 对本地区因变量的影响方向和程度；ε、μ 均为随机误差项向量。由于这两个空间计量模型都反映了地区间的空间影响，本书分别利用这两个模型进行研究。

本书重点考察一个地区的经济增长是否会受到来自其他地区 R&D 投入的影响，因此在式（4-5）的基础上引入一个新的解释变量 $W \ln R$，用于衡量其他地区 R&D 投入对于本地区经济增长的溢出效应，则式（4-5）的空间滞后模型为式（4-8），空间误差模型为

$$Y_{it} = \rho W_{it} Y_{it} + \beta_{i0} + \beta_{i1} \ln K_{it} + \beta_{i2} \ln R_{it} + \beta_{i3} W_{it} \ln R_{it} + \varepsilon_{it} \tag{4-8}$$

$$\left. \begin{array}{l} Y_{it} = \beta_{i0} + \beta_{i1} \ln K_{it} + \beta_{i2} \ln R_{it} + \beta_{i3} W_{it} \ln R_{it} + \varepsilon_{it} \\ \varepsilon_{it} = \lambda W_{it} \varepsilon_{it} + \mu_{it} \end{array} \right\} \tag{4-9}$$

第三节　变量与数据

一、数据来源[①]

由于我国公开的统计数据中关于各省区市 R&D 投入的数据是从 2000 年开始的，本书的样本区间为 2000～2013 年。在模型中，总产出使用各地区的 GDP 并利用各地区的 GDP 价格指数进行平减处理后得到，劳动要素的投入量使用年底职工人数。R&D 人员是指统计年度内参与 R&D 项目研究、管理和辅助工作的人员投入，在此选用 R&D 人员全时当量作为衡量 R&D 人员投入的指标。无论是物质资本投入，还是 R&D 资本投入，都应该使用资本存量来表示，具体数据使用第三章的计算结果。

---

① 本书数据均来自于《中国统计年鉴》、《中国科技统计年鉴》、中国科技统计网（www.sts.org.cn）和中经网统计数据库（http://db.cei.gov.cn）。

二、经济增长的空间相关性研究

在将空间相关性考虑到研究中进行实证分析之前，必须进行空间检验。如果检验结果表明存在空间相关性，则将空间效应纳入模型分析框架中，采用空间计量模型进行研究；反之，则可以直接利用一般估计方法，如使用普通最小二乘法（ordinary least square，OLS）对模型进行估计。

检验区域间空间相关性存在与否的方法有多种，最常用的方法是使用空间自相关指数 Moran's I。Moran's I 主要用于全域空间相关性分析，其定义为

$$\text{Moran's I} = \frac{\sum_{i=1}^{n}\sum_{j=1}^{n}W_{ij}(Y_i-\bar{Y})(Y_j-\bar{Y})}{S^2\sum_{i=1}^{n}\sum_{j=1}^{n}W_{ij}} \tag{4-10}$$

式中，$S^2=\frac{1}{n}\sum_{i=1}^{n}(Y_i-\bar{Y})$，$\bar{Y}=\frac{1}{n}\sum_{i=1}^{n}Y_i$，$Y_i$ 为第 i 个地区的观测值；n 为地区总数；W_{ij} 为二进制的空间权重矩阵。在此仅检验我国经济增长中是否存在空间自相关，因此和大多数研究一样，矩阵中的任一元素采用邻接标准来定义空间对象的相互邻接关系，即两个地区相邻取值为 1，否则为 0。Moran's I 指数的取值范围为 [-1, 1]，如果其值大于 0，则表示经济行为的空间正相关，存在相似属性；如果其值小于 0，则表示经济行为的空间负相关；如果其值等于 0，则表示经济行为间不存在空间相关性。Moran's I 指数正态统计量的 Z 值表征了空间相关程度，绝对值越大表明空间相关程度越大，反之则越小（Anselin，1988）。

利用相关数据分别对我国各省区市 2000~2013 年 GDP 及其对数计算 Moran's I 指数及其正态统计量的 Z 值，得到的结果如表 4-1 所示。

表 4-1　2000~2013 年中国省区市 GDP 及其对数的 Moran's I 指数及其 Z 值

年份	Moran's I		Z 值	
	GDP	lnGDP	GDP	lnGDP
2000	0.161	0.195	2.061	2.298
2001	0.161	0.197	2.064	2.313
2002	0.160	0.198	2.058	2.328
2003	0.158	0.200	2.039	2.347
2004	0.158	0.203	2.041	2.373
2005	0.155	0.203	2.009	2.374
2006	0.153	0.204	1.990	2.388

年份	Moran's I		Z 值	
	GDP	lnGDP	GDP	lnGDP
2007	0.153	0.207	1.997	2.412
2008	0.156	0.209	2.018	2.432
2009	0.154	0.209	1.998	2.434
2010	0.153	0.210	1.992	2.447
2011	0.152	0.208	1.972	2.431
2012	0.151	0.205	1.967	2.401
2013	0.151	0.203	1.964	2.384

从表 4-1 的计算结果可以发现，我国各省区市之间无论是 GDP，还是 GDP 的对数，其 Moran's I 指数都大于 0，并且其 Moran's I 正态统计量 Z 值在 5%水平下显著。这说明我国省区市之间的经济增长在空间分布上具有显著的正相关关系（空间依赖性），在地理空间上存在集聚现象，相邻地区在经济发展中存在相互作用和相互影响，忽略这种空间溢出效应将造成模型设定的偏差和计量结果的非科学性，因此，有必要使用空间计量经济模型进行相关问题的研究。

三、空间权重矩阵的设定

空间权重矩阵的设定是进行空间计量分析的重要环节，正确的设定可以更准确地衡量这种空间溢出效应。从已有的进行空间计量经济学研究文献可以看出，空间权重矩阵的设置方法通常有两种。

第一种是根据地区 i 和 j 之间的地理邻接性进行定义，如式（4-11）所示：

$$W_{ij} = \begin{cases} 1, & \text{当区域}i\text{与区域}j\text{相邻时} \\ 0, & \text{当区域}i\text{与区域}j\text{不相邻时} \end{cases} \quad (4-11)$$

Anselin（1995）最早采用了这种设定方法，苏方林（2006）、黄苹（2008）、邓明和钱争鸣（2009）等也采用了这种方法进行空间权重矩阵的设定，这种设定方法虽然简单，但是并不能真实反映区域创新系统之间的相互联系与影响。

第二种是基于距离的空间权重矩阵的设定方法，该方法假定空间相互作用的强度取决于地区间的质心距离或者区域行政中心所在地之间的地理空间距离，Keller（2002）、Cabrer-Borras 和 Serrano-Domingo（2007）、符淼（2009）等就使用了这种方法。

按照邻近经济学的观点，经济事物的空间联系不仅表现为地理邻近，更重要的是表现为组织邻近（organizational proximity），即基于某一类共同或类似基准的邻近（李婧等，2010）。因此一个地区的知识溢出对另一个地区的影响要从两个角度进行考虑，其一是知识溢出的可能性，其二是接受知识溢出的可能性。空间依赖性指出，空间上距离相近的地理事物的相似性比距离远的事物的相似性大，这种空间依赖性反映了现实中存在的空间交互作用，形成了区域间各种生产要素的流动、创新的扩散和知识的溢出等，所以地理位置接近的区域较易产生知识的溢出。但是，即使区域间出现知识溢出，接受溢出的一方也需要具有一定的能力才能够将这种溢出转化为自身的发展能力，它取决于接受溢出的一方对知识的吸收消化能力，这受到多种要素的制约，如当地的经济发展水平、人力资本积累、产业结构特征、社会环境、风俗习惯等。Case 等（1993）在分析美国州政府之间的政府支出溢出效应时，认为除了地理空间距离，经济发展距离也影响着这种溢出效应，因此他们最早定义了一个经济发展距离空间权重矩阵，将其引入空间计量经济研究中。许箫迪等（2007）经过实证研究表明经济差距与知识溢出效应成反比，企业或地区之间经济差距越大，越不利于知识吸收和相互间知识溢出，林光平等（2006）、王火根和沈利生（2007）也在研究中建立了基于地区经济发展的空间经济距离矩阵。因此本书设定的空间权重矩阵由两部分构成：空间地理距离矩阵和空间经济距离矩阵，它既反映了知识空间溢出的可能性，也反映了这种溢出被吸收的可能性。

　　空间计量实证经验表明，权重并非和距离的倒数呈正比关系。相关研究发现，很多空间关系的强度随着距离的减弱程度要强于线性关系，因此经常采用平方距离的倒数作为权重（王远飞和何洪林，2007）。本书也采用这种设定方法，将平方距离的倒数作为权重，如式（4-12）所示：

$$w_{ij}^{G} = \frac{1}{d_{ij}^{2}} \qquad\qquad (4\text{-}12)$$

式中，d_{ij}[①]为区域 i 和区域 j 的空间地理距离。

　　影响区域间经济距离的因素有很多，一般来说，如果一个地区的经济发展水平较高，那么其相应的人力资本积累也比较丰富，人力资本水平高可以增强对知识、技术的吸收能力以及对其他信息的获取与运用能力，进而转化为创新产出，促进区域经济的发展，形成一种双向的正反馈。李婧等（2010）的研究表明经济距离权重与人力资本权重在专利模型中的估计结果相似，因此可以将问题简化，用一个指标来建立空间经济距离矩阵。反映一个地区经济发展水平的指标一般选取人均 GDP，但是因为本书研究 R&D 投入对经济增长的影响，如果选取人均 GDP 会与被解释变量 GDP 之间存在严重的相关性，影响模型的估计精度，所以本书采用项歌德等（2011）在研究中选用的人均可支配收入作为衡量区域经济差距的指标，如式（4-13）所示：

---

① 区域 i 和区域 j 的空间地理距离 d_{ij} 是利用各省份省会城市的地理坐标计算其空间距离得到的

$$W_{ij}^E = \frac{1}{\left| \text{Income}_i - \text{Income}_j \right|} \tag{4-13}$$

式中，Income_i 和 Income_j 分别为区域 i 和区域 j 的人均可支配收入，各地区的人均可支配收入的数据为各地区 2000～2013 年人均可支配收入的平均值。W_{ij}^G 和 W_{ij}^E 均为对角线数据为零的对称矩阵，分别对其进行标准化处理，使其各行的和为 1，然后利用式（4-14）进行空间权重矩阵的设定：

$$W = \alpha W^G + (1-\alpha)W^E \tag{4-14}$$

在进行权重系数 α 的设定时，本书利用式（4-15），分别对 α 进行 0～1 内每次变化步长为 0.1 的测试。

$$Y_{it} = \rho W_{it} Y_{it} + \beta_{i0} + \beta_{i1} \ln K_{it} + \beta_{i2} \ln R_{it} + \varepsilon_{it} \tag{4-15}$$

其拟合结果如图 4-1 所示。

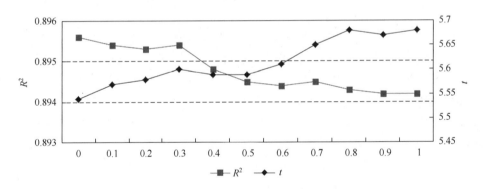

图 4-1　α 变化的 t 统计量与拟合优度变化图

从图 4-1 的拟合结果可以看出，t 统计量在 α 的变化过程中一直是显著的，拟合优度在 $\alpha=0.3$ 时最大，结合两个指标的变化情况，本书选取 $\alpha=0.3$ 作为空间权重矩阵中地理距离矩阵的权重，即在空间权重矩阵中，空间地理距离矩阵的比例为 30%，空间经济距离矩阵的比例为 70%。由此可见，R&D 空间溢出效应的影响因素是以经济发展水平的类似性因素为主导的，地理距离的影响要弱一些，这与李婧等（2010）、项歌德等（2011）的研究结果是相同的。地区之间距离近只是提供了知识溢出的可能性，要将这种可能性转化为必然性，则取决于地区间经济发展水平的相似性。对于发达地区而言，较高的经济发展水平和人力资本积累能够不断地吸收外部的知识溢出，并产生更多的内生技术进步，促进区域经济的进一步发展；落后地区由于在资金及人力资本等方面的不足，在对先进技术的引进、消化、吸收和创新等方面都受到限制，不能很好地吸收其他地区的知识溢出。因此，经济发展水平和人力资本积累水平是影响区域技术创新的关键因素。

第四节　实　证　研　究

一、模型估计结果

在进行面板空间计量分析时，首先要进行固定效应模型和随机效应模型的选择。固定效应模型和随机效应模型的选择一般采用 Hausman 检验，本书中 Hausman 检验的结果表明应该选取固定效应模型。同时，"当截面的单元是总体的所有单位时，固定效应模型是一个适宜的模型"（吴玉鸣，2007），因此，本书选择固定效应模型。

R&D 活动的特点决定了 R&D 投入并不能马上发挥作用，但其具体的滞后期数从目前的研究成果看并没有形成共识。例如，朱平芳和徐伟民（2003）在研究中选择滞后 4 期，苏方林（2006）选择滞后 1 期，邓明和钱争鸣（2009）选择滞后 2 期。本书在 R&D 投入滞后期选取时，采用的原则是既要保证 R&D 投入变量在回归中的作用是显著的，又要尽可能使模型的自由度最大。在此利用 Matlab 软件[1]，分别对模型（4-8）和模型（4-9）中的 $\ln R$ 和 $W\ln R$ 进行从滞后 0 期到滞后 4 期的空间回归分析，回归的结果显示当 $\ln R$ 变量滞后 1 期时，无论是在空间滞后模型还是在空间误差模型中都表现为最显著，同时发现 $W\ln R$ 变量滞后 1 期时，在空间误差模型中表现最显著，但无论滞后几期该变量在空间滞后模型中均表现为不显著。由此本书不仅确定了在样本区间内 $\ln R$ 和 $W\ln R$ 的滞后期均为 1 期，而且发现本地区的 R&D 投入只会对本地区的经济增长产生直接的促进作用，而不会对相邻区域的经济增长产生直接的促进作用[2]。其回归的结果如表 4-2 所示[3]。

---

① 在进行空间面板回归时主要参考了 Elhorst 和 LeSage 提供的代码（http://www.spatial-econometrics.com）

② 由于在空间滞后模型中 $W\ln R$ 滞后 1 期的回归结果不显著，本书试图将变量从模型中删除，但是多次模拟的结果表明，如果去掉这个变量，无论是空间滞后模型，还是空间误差模型，各项指标的估计精度均出现了下降，于是决定继续将此指标保留在模型中。这也从一个侧面证明虽然 A 地区的 R&D 投入不会直接对 B 地区的经济增长产生作用（空间滞后模型），但它会通过其他途径以空间溢出的形式间接作用于 B 地区的经济增长（空间误差模型）

③ 为了和考虑空间溢出效应的模型进行对比，在此列出利用普通最小二乘法进行的普通面板数据的回归结果

表 4-2　空间面板计量分析的结果[①]

模型	$\ln K$	$\ln R_{-1}$	$W\ln R_{-1}$	ρ 或 λ	调整后的 R^2	$\log L$	LR
空间滞后模型	0.453*** (26.931)	0.066*** (4.831)	0.012 (0.506)	0.296*** (9.361)	0.9876	721.325	836.878
空间误差模型	0.492*** (31.059)	0.091*** (6.703)	0.218*** (10.338)	0.620*** (10.070)	0.9842	700.135	816.375
普通最小二乘法	0.795*** (33.038)	0.222*** (5.843)	0.101*** (2.544)		0.8927	56.029	

注：参数估计值下面括号里数值表示 t 检验值

*参数估计值在 10%显著性水平下显著

**参数估计值在 5%显著性水平下显著

***参数估计值在 1%显著性水平下显著

从回归的结果可以看出，使用普通最小二乘法进行回归的 R^2 和对数似然值 $\log L$ 都小于其他两个模型，其 $\ln K$ 和 $\ln L$ 的系数均大于其他两个模型，说明在没有考虑空间溢出效应时，模型的回归结果夸大了本地生产要素投入对经济增长的作用。从调整后的 R^2、$\log L$、LR 等统计量来看，空间滞后模型和空间误差模型都具有很好的拟合优度，表明这两个模型都较好地描述了我国区域经济增长的过程。

二、模型结果分析

无论是空间滞后模型还是空间误差模型，从总体来看均表明各地区经济增长主要还是依赖于资本的拉动，劳动要素的作用比较小，这个结果与我国近几年经济增长的现实是相符的。

在空间滞后模型中，地区 R&D 投入在滞后 1 期后对本地区经济增长具有积极的推动作用，但相对来说，作用不大，本地区 R&D 人员人均 R&D 资金投入每增加 1%对本地区劳动力人均 GDP 的拉动作用为 0.066%。空间滞后模型的自相关系数 ρ 的回归结果为 0.296，且通过了 1%的显著性概率检验，这充分说明中国省区市间经济增长具有显著的空间正相关性，一个地区的经济增长在一定程度上依赖于与其空间距离近且在经济发展水平上相近地区的经济增长，而且经济发展水平越接近，影响越大，存在明显的空间溢出效应。$W\ln R_{-1}$ 的值约等于零，且不显著，说明本地区的 R&D 投入只对本地区的经济增长具有直接的拉动作用，对其他相邻地区的经济增长没有直接的空间溢出效应。

---

① 本书分别使用无固定效应（no fixed effects）、地区固定时间不固定效应（spatial fixed effects）、时间固定地区不固定效应（time period fixed effects）、地区与时间均固定效应（spatial and time period fixed effects）对模型进行了估计，但只有地区固定时间不固定效应模型的各项解释变量系数基本都通过了显著性检验，且调整后的 R^2 最优，明显优于其他模型的估计结果，这个结论与李婧等（2010）的结果完全一致。这里列出的就是使用地区固定时间不固定效应进行回归的结果

在空间误差模型中，$W \ln R_{-1}$ 的系数为 0.218，且在 1%的水平上显著，这可能是因为与空间滞后模型相比，空间误差模型中没有相邻地区生产总值的直接影响，而这种影响间接地由相邻地区 R&D 投入的空间溢出效应表现出来，所以相邻地区 R&D 投入对本地区的经济增长具有间接的促进作用；空间误差系数 λ 的值为 0.620，且通过了 1%的显著性概率检验，这说明我国省区市之间的空间外部性主要是通过误差冲击的空间传递实现的，地理位置和经济发展水平相近的省区市的经济增长具有较强的互补性与相互依赖性。

第五节　省级区域 R&D 投入对经济增长作用途径的分析

从利用空间计量经济理论和模型对我国省级区域 R&D 投入与经济增长关系的实证研究中，本书发现一个地区的经济增长不仅受到本地区资本、劳动力、R&D 资本投入和 R&D 人员投入因素的影响，而且受到来自与其地理位置相近且经济发展水平相似的其他地区经济增长的直接影响，同时受到来自这些地区 R&D 投入的间接影响。在空间权重矩阵的构成中，地理距离的权重为 0.3，经济距离的权重为 0.7，因此当 A、B 两个省（自治区、直辖市）同时与一个经济发展水平较高的 C 省（自治区、直辖市）的地理距离相近时，对于经济发展水平相似的 A 省（自治区、直辖市），其经济增长无论是从 C 省（自治区、直辖市）高水平经济增长中受到的直接影响，还是从 C 省（自治区、直辖市）较高的 R&D 投入中通过空间溢出效应得到的间接影响都要高于与 C 省（自治区、直辖市）经济发展水平相差较大的 B 省（自治区、直辖市）。这也从另一个角度说明地理距离相邻仅提供了知识溢出的可能性，而经济发展水平相似才是这种知识溢出实现的决定因素。一个地区经济发展水平高，人力资本积累就丰富，无论是 R&D 资金投入还是 R&D 人员投入都会较高，其"干中学"的能力也会较强，相邻地区的知识溢出才能被更好地吸收、消化，并转化为其自身的创新能力，形成内生性技术进步，促进经济进一步发展，形成一种不断加强的正向循环。

根据上述实证研究结果，并结合其他学者的相关研究成果，本书总结出我国省级区域 R&D 投入对本地区及相邻地区经济增长影响的路径图，即从国家创新体系角度出发的一个省（自治区、直辖市）R&D 投入对整个国家经济增长的作用路径图，如图 4-2 所示。

图 4-2 说明作为我国国家经济体系和国家创新体系中的一个子系统，每一个省区市 R&D 投入都可能通过四条途径作用于国家经济体系，其中一条是直接途径，三条是间接途径。

（1）直接影响途径：A 省（自治区、直辖市）R&D 投入→A 省（自治区、直辖市）经济增长。实证研究的结果表明 A 省（自治区、直辖市）的 R&D 投入会对本省（自治区、直辖市）的经济增长具有促进作用，虽然这种作用在样本区间内与资本

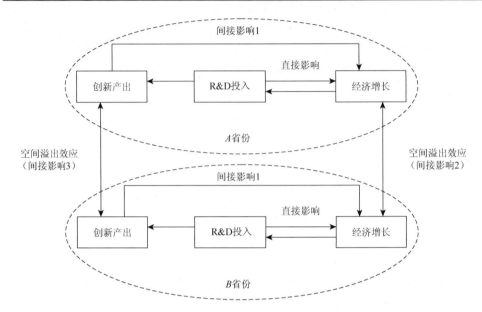

图 4-2　我国国家创新体系中省级区域 R&D 投入对经济增长影响的路径图

和劳动力要素对经济增长的作用相比要小得多，但是随着我国转变经济增长方式的不断深入，今后我国的经济发展将更多地通过 R&D 活动促进技术进步，提高自主创新能力，实现"集约化"经济发展，因此 R&D 投入对经济增长的直接作用将会越来越重要，其影响也会不断增强。

（2）间接影响途径 1：A 省（自治区、直辖市）R&D 投入→A 省（自治区、直辖市）创新产出→A 省（自治区、直辖市）经济增长。根据相关研究，A 省（自治区、直辖市）的 R&D 投入会提高本省（自治区、直辖市）的创新产出（如专利），有些创新产品可以直接作用于生产过程，如新产品的发明可以直接促进经济增长；有些创新产品则会促成新资本升级，如更先进的机器设备的应用会提高生产的技术水平和效率；在 R&D 活动中劳动者也可以通过"干中学"来不断地积累经验和知识，这有助于人力资本的积累。R&D 投入通过这些不断物化到物理设备和提高人力资本的方式，逐渐内化到各生产要素中，形成更先进的生产力，促进经济增长。

（3）间接影响途径 2（空间溢出效应）：A 省（自治区、直辖市）R&D 投入→A 省（自治区、直辖市）经济增长→B 省（自治区、直辖市）经济增长。本书的研究结论表明 A 省（自治区、直辖市）的 R&D 投入可以直接促进本省（自治区、直辖市）的经济增长，A 省（自治区、直辖市）的经济增长又会通过空间溢出效应影响相邻 B 省（自治区、直辖市）的经济增长。因此一个地区的 R&D 投入能够间接地促进相邻地区的经济增长，存在空间溢出效应。

（4）间接影响途径 3（空间溢出效应）：A 省（自治区、直辖市）R&D 投入→A 省（自治区、直辖市）创新产出→B 省（自治区、直辖市）创新产出→B 省（自治区、直辖市）经济增长。相关研究表明 A 省（自治区、直辖市）的 R&D 投入能够促进本省（自治区、直辖市）的创新产出，而创新产出具有空间溢出效应，能够对相邻 B 省（自治区、直辖市）的创新产出产生积极的促进作用，B 省（自治区、直辖市）创新产出又会促进 B 省（自治区、直辖市）的经济增长。因此一个地区的 R&D 投入通过空间溢出效应对相邻地区的经济增长具有间接的促进作用。

第六节 政 策 建 议

本书在吸收其他学者研究成果的基础上，从国家创新体系的角度，使用我国 2000～2013 年各省区市的面板数据，利用空间计量经济模型对我国各省区市 R&D 投入对整个国家经济增长的作用途径进行了实证研究，结果显示一个地区的 R&D 投入不仅可以促进本地的经济增长，而且可以通过间接途径促进其他地区的经济增长，这个结论对于我国提高自主研发水平、转变经济发展方式具有非常重要的意义。

首先，作为一个整体，每一个省区市都是国家创新体系的一部分，从系统论的角度看，任何一个子系统的 R&D 投入对整个系统来说都可能产生 1+1＞2 的效果。因此，各省区市在提高 R&D 效率的前提下，加大 R&D 活动资金和人员的投入，对于促进整个国家经济的发展意义重大。

其次，相对于各省区市而言，每个省区市的地理位置是无法改变的，但是它可以通过努力改变 70% 的经济距离，在提高自身经济发展水平的同时，为促进整个国家经济的发展做出更大的贡献。

对于落后地区来说，要在短期内提高经济发展水平是不现实的，因此可以通过分阶段逐步提高来缩小与发达地区的经济差距，促进国家整体经济的发展。根据本书的研究结果，经济发展水平相似的相邻地区要比经济发展水平相差较大的相邻地区产生知识溢出的效应大，因此欠发达地区可以首先选择与其相邻，但经济发展水平差距并不是特别大的省区市从各个方面进行更多的合作，加强技术和人员的交流，通过发挥其自身的优势形成产业集聚或区域集聚，在这个过程中也有可能形成新的经济"发展极"，通过它的吸引力和扩散力在提高自身规模的同时，带动其他部门和地区的经济发展，实现产业结构的调整；当这种发展形式达到一定程度的时候，这个经济体就可以将目标瞄准经济更发达的省区市或经济体，进行更大范围的合作，进入经济跳跃发展的第二阶段。当然在这个过程中，这些地区自身也必须通过加强本地区的基础教育水平，提高国民的整体文化素质，进行各种以提高劳动者技能为目的的职业教育，同时加强与经济发达地区合作，在"干中学"中加强人力资本的积累，也可以通过各种政策吸引外地人才，提高自身吸收外部知识溢出的能力，达到缩小经济差距的目的。

对于经济发达地区，可以借助于其自身的优势，有目的地加大科技 R&D 活动的力度，一方面可以通过 R&D 活动提高自主创新能力，转变经济发展模式，促进经济发展，另一方面可以通过 R&D 活动产生的空间溢出效应促进周边地区的经济发展。因此，经济发达地区加强科技 R&D 投入，增加有目的的 R&D 活动对整个国家的经济发展来说是一个双赢的行为。

第五章　我国 R&D 强度不同区域的 R&D 投入对经济增长的影响研究

第一节　概　　述

内生经济增长理论认为技术进步是经济发展的源泉，进行 R&D 活动的主要目的是促进技术进步，推动科技创新，进而促进经济发展。Griliches（1964）早在 20 世纪 60 年代就已经证实 R&D 是促进经济增长的重要因素。在目前的经济形势下，技术创新对经济增长的作用越来越重要，已经成为推动各国、各地区发展的主要动力。宋涛（2008）的研究指出在 20 世纪初期发达资本主义国家中，科学技术对经济增长的贡献率为 5%～10%，但是目前这一比例已经达到 70%～80%。我国各地区之间在自然禀赋、地理、历史、文化等各方面的不同，导致各地区在经济发展水平、资本投入、R&D 投入等方面都存在巨大的差异。大多数研究表明，改革开放以来，我国区域经济发展的差距继续存在，不仅没有出现经典经济增长理论所推断的收敛性倾向，相反，各地区间的差异还呈现不断扩大的趋势。地区经济和社会发展差距过大，不仅会影响资源的配置效率，造成整体经济效益的损失，而且会带来社会公平问题，引发社会矛盾冲突和严重的政治后果（胡鞍钢等，1995；林毅夫等，1998）。美国经济在 19 世纪下半叶和 20 世纪上半叶的高速发展就部分得益于其地区间差距的缩小（Higgins，1998）。为了缩小地区间的差异，刘志彪（2013）指出建立创新驱动型国家的战略目标，是我国迈向新的全球化战略的重要引力；张军（2012）的研究结果表明我国经济旧模式的内在结构性矛盾日益凸显，应该从机制转型和创新的角度思考改变；林毅夫等（2012）则认为经济发展是一个持续的技术创新、产业升级和结构转型的过程，这取决于国家更有效地利用和整合土地资源、劳动力、资本与基础设施；刘伟（2013）从经济发展方式的角度对增长进行了研究，结果表明经济发展方式是一定历史和技术条件下的产物，当发展条件变了，发展方式也要随之调整。可见技术创新是促进经济增长的一个重要因素，而技术创新必须有 R&D 投入才能进行。

我国各省区市的 R&D 投入差异很大，R&D 强度代表了一个国家或者区域对科技创新的资金支持力度，我国各省区市 R&D 强度的差异很大，2000～2013 年

R&D 强度最大的区域始终是北京，而最小的区域被海南和西藏包揽，但是随着各地区加大 R&D 投入力度，R&D 强度最大和最小区域的差距已经从原来的 30 多倍下降到了近几年的 20 多倍，但是差异还是显而易见的。这种巨大的 R&D 投入差异会对经济产生怎样的影响，本章就对这一问题进行深入的研究。

第二节　区域的分类

由于要考察我国各区域 R&D 投入的差异对经济增长的影响，必须要对区域进行分类，如果按照《中国统计年鉴》中东北、东部、中部和西部的分类显然存在不合理性，因为东部大多代表发达地区，相对来说这些地区对 R&D 投入的力度较大，但是海南是我国 R&D 强度最小的两个省份之一，却属于东部，而陕西属于西部落后地区，它的 R&D 强度却名列前茅。可见单纯依赖地理位置进行的区域划分无法反映我国各省区市 R&D 投入的差异。因为各省区市 R&D 投入与其经济发展水平有直接的关系，所以本书选取用于衡量国家或地区科技投入和创新能力的主要指标——R&D 强度对 R&D 经费投入区域进行重新划分。

R&D 强度是目前国际通用的衡量一个国家科技活动规模及科技投入强度的重要指标，它可以更真实地反映各省区市 R&D 投入的差异。2000 年、2003 年、2007 年、2010 年和 2013 年我国各省区市 R&D 强度如图 5-1 所示。

由图 5-1 可见，我国各省区市的 R&D 强度基本上呈逐年上升趋势，但是，除北京、上海、江苏、山东、广东和陕西等省市 R&D 强度较高外，其他省区市的 R&D 强度普遍较低。

在利用 R&D 强度指标对各省区市进行分类时，如果利用聚类方法将全国 31 个省区市分为三类，则会出现 R&D 投入最高的那一类里只有北京，显然这种分类结果是极不均衡的，不适宜进行区域差异的研究。根据发达国家的经验，一个国家发展初期 R&D 强度一般在 0.5%～0.7%，国际公认的经济起飞阶段 R&D 强度为 1.5%（江静，2006）。在此就利用这一规则对各省区市进行分类，具体做法是计算出 2000～2013 年各省区市 R&D 强度的平均值，然后将 R&D 强度≥1.5%的省区市划分为高投入区域，将 R&D 强度介于 1.5%～1%的省区市划分为中等投入区域，R&D 强度＜1%的省区市则为低投入区域。分类后各区域的统计特征如表 5-1 所示。

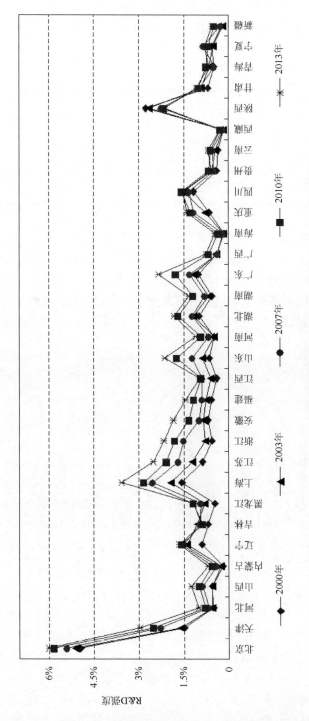

图 5-1　2000 年、2003 年、2007 年、2010 年和 2013 年全国各省区市 R&D 强度图

表 5-1　各区域 R&D 强度分类及其统计特征

数据	R&D 高投入区域	R&D 中等投入区域	R&D 低投入区域
	北京、天津、上海、江苏、陕西	辽宁、浙江、安徽、山东、湖北、广东、重庆、四川	河北、山西、内蒙古、吉林、黑龙江、福建、江西、河南、湖南、广西、海南、贵州、云南、西藏、甘肃、青海、宁夏、新疆
平均值	2.809%	1.293%	0.648%
标准差	1.422	0.393	0.289
最大值	6.08%	2.32%	1.44%
最小值	0.85%	0.55%	0.14%
地区数	5	8	18

　　表 5-1 中的数据显示，R&D 中等投入区域和 R&D 低投入区域的标准差较小，表明中等投入区域和低投入区域内部的差异有缩小的趋势；但是高投入区域的标准差比较大，这说明虽然高投入区域 R&D 投入水平都比较高，但是由于各种因素，在其内部各区域的投入密度差异非常大。图 5-2 给出了按照上述分类，2000～2013 年我国 R&D 投入高、中等、低三个区域的平均 R&D 强度的柱状图。

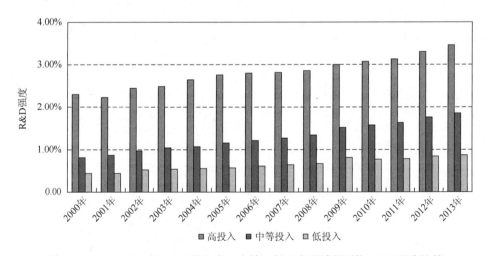

图 5-2　2000～2013 年 R&D 投入高、中等、低三个区域的平均 R&D 强度比较

　　从图 5-2 可以看出，我国 R&D 高投入区域的 R&D 强度已经超过了经济起飞阶段的水平，中等投入区域的 R&D 强度已经超过了一个国家发展初期的水平，但低投入区域的 R&D 强度则处于一个国家发展初期的水平。样本区间内各个区域的 R&D 强度都处于持续上升状态，说明各区域都对 R&D 活动给予了重视，并加强了对 R&D 活动的投入力度。其中，中等 R&D 强度区域的年平均增长率最高，

为 6.61%，低 R&D 强度区域次之，年平均增长率为 5.67%，高 R&D 强度区域的年平均增长率最低，为 3.23%。这说明中等 R&D 强度区域对 R&D 活动对经济发展的重要作用认识越来越充分，认识的提高体现在行动上，就是 R&D 投入的力度在迅速增长。低 R&D 强度区域在国家各种优惠政策的扶植下，经济得到了进一步的发展，在这一过程中对科技进步作用的认识也越来越强，相应地对 R&D 的投入也在增大。因为高 R&D 强度区域对 R&D 的投入已经达到了一定的层次，所以始终处于稳定增长的状态，发展较平稳。表 5-2 为 2000～2013 年我国高、中等、低投入区域 R&D 经费占总经费的比例。

表 5-2　2000～2013 年我国高、中等、低投入区域 R&D 经费占总经费的比例

年份	高投入区域	中等投入区域	低投入区域
2000	44.38%	36.68%	18.94%
2001	43.23%	37.88%	18.89%
2002	42.67%	38.62%	18.71%
2003	42.25%	39.14%	18.61%
2004	42.51%	39.25%	18.24%
2005	42.53%	39.50%	17.98%
2006	42.40%	39.74%	17.85%
2007	42.03%	40.25%	17.71%
2008	41.53%	40.82%	17.65%
2009	40.66%	41.32%	18.02%
2010	40.04%	41.98%	17.99%
2011	39.43%	42.62%	17.95%
2012	38.84%	43.15%	18.01%
2013	38.45%	43.52%	18.03%

资料来源：根据《中国科技统计年鉴》的相关数据计算得到

表 5-2 显示我国 5 个 R&D 高投入区域的 R&D 经费总量占全国 R&D 经费总量的比例从 2000 年的 44.38%下降到了 2013 年的 38.45%，8 个 R&D 中等投入区域的 R&D 经费总量占全国 R&D 经费总量的比例从 2000 年的 36.68%上升到 2013 年的 43.52%，而 18 个 R&D 低投入区域的 R&D 经费总量占全国 R&D 经费总量的比例几乎没有变化，始终徘徊在 18%。由此可见，我国区域 R&D 投入中，R&D 低投入区域的投入太少，18 个省区的投入比例才占到全国的 18%左右，存

在严重的不均衡问题，但是同时 R&D 高投入区域和中等投入区域的差距在缩小。综上所述，无论从相对数看，还是从绝对数看，我国 R&D 投入都存在严重的地区性差异。

第三节　R&D 投入与经济增长关系模型的设定

一、模型的设定

在对区域 R&D 投入对经济增长影响的分析中，本书仍然采用 C-D 生产函数，如式（5-1）所示：

$$Y = AK^{\alpha}L^{\beta} \tag{5-1}$$

式中，Y 为产出量；A 为科技进步系数；K 为资本要素的投入；L 为劳动要素的投入；α、β 分别为资本投入的产出弹性和劳动投入的产出弹性。由于本书要研究区域 R&D 投入对经济增长影响，在式（5-1）的基础上引入了 R&D 经费投入这个新的生产要素，形成改进后的 C-D 生产函数，如式（5-2）所示：

$$Y = AK^{\alpha}L^{\beta}R^{\gamma} \tag{5-2}$$

式中，R 为 R&D 经费投入；γ 为 R&D 经费投入的产出弹性。一个地区的 C-D 生产函数可以表示为

$$Y_{it} = AK_{it}^{\alpha}L_{it}^{\beta}R_{it}^{\gamma} \tag{5-3}$$

式中，i 为地区；t 为时间；Y_{it}、K_{it}、L_{it} 和 R_{it} 分别为第 i 个地区第 t 年的总产出、资本要素投入量、劳动要素投入量、R&D 经费投入量；α、β 和 γ 分别为资本投入的产出弹性、劳动投入的产出弹性和 R&D 经费投入的产出弹性；A 为除物质资本、劳动投入和 R&D 投入以外的所有其他影响产出的因素。将式（5-3）两边取对数得

$$\ln Y_{it} = \ln A + \alpha \ln K_{it} + \beta \ln L_{it} + \gamma \ln R_{it} \tag{5-4}$$

设 $a = \ln A$，则式（5-4）可简化为

$$\ln Y_{it} = a + \alpha \ln K_{it} + \beta \ln L_{it} + \gamma \ln R_{it} \tag{5-5}$$

式（5-5）的经济计量模型为

$$\ln y_{it} = \beta_{i0} + \beta_{i1} \ln k_{it} + \beta_{i2} \ln l_{it} + \beta_{i3} \ln r_{it} + \mu_{it} \tag{5-6}$$

式中，μ_{it} 为随机误差项。

二、变量数据的选取

本书数据均来自各年的《中国统计年鉴》、《中国科技统计年鉴》和各地区的统计年鉴，样本区间为 2000~2013 年。总产出使用各地区生产总值数据，并使用以 2000 年为基年的 GDP 价格指数进行平减；各地区的资本投入数据使用第三章计算得到的各地区的资本存量数据表示；各地区劳动要素的投入量使用各地区年末就业人数代表；各地区的 R&D 投入数据使用第三章计算得到的 R&D 资本存量表示。

第四节　我国 R&D 投入的区域差异与经济发展关系的实证分析

一、模型估计

在对面板数据进行回归之前必须确定使用固定效应模型还是随机效应模型，为此对模型进行了 Hausman 检验，结果显示无论是全国 31 个省区市数据，还是不同区域的数据都应该使用固定效应模型。表 5-3 为使用 Stata 软件，分别利用全国 31 个省区市数据和 5 个 R&D 高投入区域、8 个 R&D 中等投入区域、18 个 R&D 低投入区域的相关数据进行实证研究的结果。

表 5-3　式（5-6）的估计结果

数据	全国	R&D 高投入区域	R&D 中等投入区域	R&D 低投入区域
$\hat{\beta}_0$	1.445*** (2.79)	1.156 (2.00)	1.265 (0.87)	1.973** (2.4)
$\hat{\beta}_1$	0.505*** (9.39)	0.640*** (13.27)	0.675*** (5.43)	0.445*** (14.58)
$\hat{\beta}_2$	0.183** (2.46)	0.074 (1.02)	0.076 (0.49)	0.161 (1.24)
$\hat{\beta}_3$	0.178*** (4.78)	0.138** (3.91)	0.871 (1.12)	0.210*** (9.02)
R^2	0.971	0.944	0.959	0.967
样本量	434	70	112	252

注：参数估计值下面括号里数值表示 t 检验值

*参数估计值在 10%显著性水平下显著

**参数估计值在 5%显著性水平下显著

***参数估计值在 1%显著性水平下显著

表 5-3 的回归结果表明，从全国范围来看，我国各地区的经济增长最重要的影响因素是资本投入，其弹性为 0.505，其次为劳动投入，其弹性为 0.183，最后是 R&D 投入，其弹性为 0.178。对于 R&D 高投入区域而言，经济增长影响最大的因素也是资本投入，其弹性达到 0.640，其次是 R&D 投入，弹性为 0.138，劳动投入的弹性不显著；对于 R&D 中等投入区域，对其经济增长影响最大的因素依然是资本投入，弹性达到 0.675，而劳动投入和 R&D 投入的弹性均不显著；对于 R&D 低投入区域，对其经济增长影响最大的因素还是资本投入，其弹性为 0.445，其次为 R&D 投入，弹性为 0.210，劳动投入的影响不显著。综上所述，无论从哪个范围来看，我国影响经济增长最重要的因素是资本投入，劳动投入的作用只有在使用全国数据进行回归的时候才显著，而在使用其他区域数据进行的回归中均不显著，R&D 投入在 R&D 低投入区域的作用最大，高投入区域的作用次之，而在中等投入区域不显著。

二、回归结果分析

采用固定效应模型，利用我国各省区市及 R&D 高投入、中等投入和低投入区域的 2000～2013 年相关数据进行实证研究的结果表明，R&D 低投入区域 R&D 投入对经济增长的影响最大，其弹性为 0.21，其次是高投入区域，其弹性为 0.138，而中等投入区域 R&D 投入对经济增长的影响不显著。为了对这一结果有一个清晰的理解，下面从 R&D 经费支出和来源两个方面对这一问题进行分析。

（一）从 R&D 经费的支出看

R&D 经费的支出类型主要有基础研究、应用研究和试验发展三种，不同类型的研究具有不同的特点。基础研究一般与商业目标无关，并且投资金额大、投资周期长、风险较大，其成果以科学论文和科学著作等形式出现，一般很难通过申请专利等形式获得排他性知识产权，这导致其公共产品的特性非常明显。应用研究的成果以科学论文、专著、原理性模型或者发明专利为主，主要是为基础研究成果确定可能的用途，相对于基础研究来说，其研究成果具有部分公共产品的特性，投资额、投资周期和风险等方面都较基础研究要小。试验发展则可以通过把基础研究、应用研究获得的成果转化为可实施的计划，直接产生新产品、新材料、新装备、新工艺和新服务等，且其成果可以通过申请专利获得排他性知识产权，其公共产品的性质最小，最重要的是它可直接产生经济效益。为了能够清楚地看出各区域在 R&D 经费支出上的区别，表 5-4 列出了 2000～2013 年各省区市三种类型 R&D 支出额占总支出额比例的平均值及其相对比例（以基础研究的比例为 1）。

表 5-4　2000～2013 年我国各省区市 R&D 投入高、中等、低区域三种类型 R&D 支出额
占总支出额比例的平均值及其相对比例

项目	绝对比例			相对比例		
	基础研究	应用研究	试验发展	基础研究	应用研究	试验发展
北京	8.26%	16.96%	35.81%	1.00	2.05	4.33
天津	2.96%	9.32%	33.70%	1.00	3.15	11.37
上海	4.76%	11.22%	32.71%	1.00	2.36	6.88
江苏	1.95%	5.19%	36.97%	1.00	2.67	19.01
陕西	3.42%	13.39%	47.54%	1.00	3.92	13.92
高投入区域平均值	**4.27%**	**11.22%**	**37.35%**	**1.00**	**2.63**	**8.75**
辽宁	2.29%	9.34%	35.49%	1.00	4.07	15.47
浙江	1.51%	3.89%	35.48%	1.00	2.58	23.52
安徽	6.51%	8.70%	33.90%	1.00	1.34	5.21
山东	1.42%	3.16%	33.98%	1.00	2.22	23.89
湖北	3.43%	12.92%	34.84%	1.00	3.76	10.15
广东	1.58%	3.34%	33.88%	1.00	2.12	21.49
重庆	3.52%	8.93%	31.34%	1.00	2.54	8.91
四川	4.75%	17.61%	35.29%	1.00	3.70	7.42
中等投入区域平均值	**3.13%**	**8.49%**	**34.27%**	**1.00**	**2.71**	**10.96**
河北	2.64%	12.13%	32.23%	1.00	4.60	12.20
山西	2.36%	8.50%	32.69%	1.00	3.60	13.85
内蒙古	1.91%	5.93%	34.26%	1.00	3.10	17.90
吉林	6.14%	16.29%	27.52%	1.00	2.65	4.48
黑龙江	6.72%	12.51%	30.27%	1.00	1.86	4.51
福建	1.76%	3.70%	34.08%	1.00	2.10	19.31
江西	1.96%	8.44%	34.48%	1.00	4.31	17.62
河南	1.21%	4.35%	39.35%	1.00	3.59	32.48
湖南	3.13%	10.04%	32.95%	1.00	3.20	10.52
广西	3.55%	8.28%	31.37%	1.00	2.33	8.83
海南	11.78%	13.76%	27.35%	1.00	1.17	2.32
贵州	5.66%	5.53%	31.70%	1.00	0.98	5.60
云南	7.14%	13.88%	33.39%	1.00	1.94	4.68

续表

省份	绝对比例			相对比例		
	基础研究	应用研究	试验发展	基础研究	应用研究	试验发展
西藏	9.09%	19.63%	23.71%	1.00	2.16	2.61
甘肃	10.69%	12.77%	28.53%	1.00	1.19	2.67
青海	5.86%	9.36%	27.97%	1.00	1.60	4.77
宁夏	3.89%	4.56%	30.69%	1.00	1.17	7.90
新疆	3.93%	11.97%	28.03%	1.00	3.05	7.13
低投入区域平均值	**4.97%**	**10.09%**	**31.14%**	**1.00**	**2.03**	**6.27**

资料来源：根据《中国科技统计年鉴》的相关数据计算得到

表 5-4 的数据表明，R&D 经费用于基础研究比例最大的是 R&D 低投入区域，比例为 4.97%，其次是高投入区域，比例为 4.27%，最后是中等投入区域，比例是 3.13%；用于应用研究比例最大的是 R&D 高投入区域，比例是 11.22%，其次是低投入区域，比例为 10.09%，最后是中等投入区域，比例是 8.49%；用于试验发展比例最大的是 R&D 高投入区域，比例为 37.35%，其次为中等投入区域，比例为 34.27%，最后为低投入区域，比例是 31.14%。

美国 R&D 经费的分配结构近 30 年来基本稳定在 1∶（1.6～1.7）∶（4.8～5），其他发达国家如日本、英国、法国 R&D 经费的分配结构也与美国大致相同。相比发达国家 R&D 经费的分配结构，我国 R&D 经费高投入区域的分配结构为 1∶2.63∶8.75，中等投入区域的分配结构为 1∶2.71∶10.96，低投入区域的分配结构为 1∶2.03∶6.27。由此可见我国各区域在试验发展方面投入的经费比例过高，在应用研究方面投入也较高，相对来看各区域在基础研究方面的投入都严重不足。20 世纪 90 年代以来，在发达国家的 R&D 经费中，三种类型的 R&D 经费投入占总经费的比例大致为：基础研究 13%～19%，应用研究 20%～25%，试验发展 40%～70%（杨涧和师萍，2006）。2013 年我国各省区市中基础研究比例超过 10% 的只有 6 个，分别是北京、贵州、云南、西藏、甘肃和青海，而且只有北京属于 R&D 高投入区域，其他 5 个均属于 R&D 低投入区域，没有一个 R&D 中等投入区域的基础研究达到 10% 的比例，同时可以发现相对来看中等投入区域三种类型的 R&D 比例失衡最为严重，最接近发达国家 R&D 比例结构的是 R&D 低投入区域，这种比例结构的不同也许可以从一个侧面对实证结果进行解释。

（二）从 R&D 经费的来源看

一国的 R&D 经费主要来源于企业、政府、金融机构贷款和其他。我国 R&D 经费的主要来源是政府和企业，表 5-5 为 2000～2013 年我国各省区市政府 R&D 经费投入和企业 R&D 经费投入所占比例及三个不同 R&D 投入区域政府 R&D 经费投入和企业 R&D 经费投入所占比例的平均值数据。

表 5-5　2000～2013 年我国各省区市政府 R&D 经费投入和企业 R&D 经费投入所占比例及 R&D 投入高、中等、低区域政府 R&D 经费与企业 R&D 经费所占比例的平均值

项目	政府经费比例	企业经费比例	项目	政府经费比例	企业经费比例
北京	53.06%	39.57%	河北	21.70%	73.70%
天津	18.59%	77.58%	山西	19.06%	76.26%
上海	26.23%	69.52%	内蒙古	24.36%	69.76%
江苏	13.86%	77.84%	吉林	30.04%	64.15%
陕西	56.63%	37.78%	黑龙江	34.58%	62.47%
高投入区域	**33.67%**	**60.46%**	福建	11.62%	85.54%
辽宁	23.79%	72.26%	江西	23.67%	72.14%
浙江	12.06%	85.97%	河南	17.46%	74.88%
安徽	24.60%	66.44%	湖南	17.43%	76.38%
山东	9.17%	83.11%	广西	22.53%	66.56%
湖北	27.86%	69.51%	海南	47.07%	52.99%
广东	9.94%	83.75%	贵州	25.52%	66.84%
重庆	17.94%	72.91%	云南	38.09%	53.32%
四川	44.64%	48.61%	西藏	67.36%	11.38%
中等投入区域	**21.25%**	**72.82%**	甘肃	37.19%	58.14%
			青海	28.84%	66.41%
			宁夏	24.39%	68.23%
			新疆	26.30%	69.92%
			低投入区域	**28.73%**	**64.95%**

资料来源：根据《中国科技统计年鉴》的相关数据计算得到

从表 5-5 的数据可以看出我国 R&D 投入较高的区域，其政府 R&D 经费投入的比例较高，其次是 R&D 低投入区域，R&D 中等投入区域政府 R&D 经费投入的比例最低，相对地，企业 R&D 经费投入的比例在中等投入区域最高，其次是低投入区域，最后是高投入区域。政府和企业进行 R&D 投入的目的完全不同，企业进行 R&D 投资的目的主要是降低生产成本和开发新产品，从而实现利润最大化，而政府进行 R&D 投资的目的一方面是激活企业的 R&D 活动，另一方面是纠正与 R&D 活动相关的市场失效问题，促进经济长期稳定发展。我国 R&D 经费投入较高区域的 5 个省区市都是相对发达的省区市，由于各方面的因素，这些地

区在人力资本方面都有较高的积累，政府将大量的 R&D 经费投入除江苏外的四个省区市，其目的可能更多的是纠正市场失效问题。因为 R&D 产品具有公共产品的性质，存在正溢出效应，其社会边际报酬率大于企业边际报酬率，政府的投入可能更多地用于基础研究中，表 5-4 的数据也反映了这一事实，这种投入的产品可以为整个社会所用，从而促进整个社会的技术进步。低投入区域的政府 R&D 经费所占比例仅次于高投入区域，这主要存在两方面的原因：一方面，西藏、海南由于历史的因素，其自身的经济实力较弱，为了促进这些地区的发展，政府在经费投入上是有所侧重的，这两个省区的政府 R&D 投入比例非常高，直接拉高了整个低投入区域的水平；另一方面，青海、黑龙江、云南、新疆等省区由于有其特有的经济模式，这可能关系到国家某些重要的经济命脉，政府也会加大对这些地区的 R&D 投入，从而带动这些地区企业的 R&D 投入，同时纠正市场失效问题。R&D 中等投入区域的政府投入比例最低，这些区域的 R&D 经费主要来源于企业的投入（四川除外）。R&D 中等投入区域 R&D 经费对经济增长的影响不显著也许就与其虽然已经进入 R&D 活动以企业为主导的阶段，但是政府 R&D 经费的投入比例过低有关。

（三）从 R&D 活动专利产出类型看

R&D 活动的一个重要的产出成果就是专利，专利又分为专利申请量和专利授权量，考虑到专利授权量可以受到法律的保护，同时代表创新的水平，在此以专利授权量对这个问题进行分析。专利分为三种类型，不同类型的专利有不同的特点。专利分为发明专利、外观设计专利和实用新型专利三种类型，其中实用新型专利能反映企业的工艺创新能力，外观设计专利能较直观地体现企业的市场创新能力，而发明专利则标志着企业的产品创新能力（刘华，2002）。表 5-6 为 2000～2013 年我国各省区市 R&D 投入高、中等、低三个区域三种专利授权量占全国专利总授权量比例的平均值。

表 5-6　2000～2013 年我国各省区市 R&D 投入高、中等、低区域三种专利授权量占全国专利总授权量比例的平均值

项目	发明	实用新型	外观设计
北京	1.60%	2.53%	0.98%
天津	0.28%	1.00%	0.39%
上海	0.87%	2.64%	2.94%
江苏	0.80%	4.55%	6.95%
陕西	0.25%	0.77%	0.22%
高投入区域	**0.76%**	**2.30%**	**2.30%**

续表

项目	发明	实用新型	外观设计
辽宁	0.41%	2.11%	0.48%
浙江	0.65%	5.06%	7.00%
安徽	0.15%	1.07%	0.60%
山东	0.51%	4.38%	1.66%
湖北	0.31%	1.32%	0.48%
广东	1.29%	6.36%	10.34%
重庆	0.12%	0.82%	0.74%
四川	0.31%	1.45%	1.62%
中等投入区域	**0.47%**	**2.82%**	**2.87%**
河北	0.18%	1.19%	0.50%
山西	0.14%	0.43%	0.14%
内蒙古	0.05%	0.26%	0.14%
吉林	0.16%	0.58%	0.20%
黑龙江	0.20%	0.99%	0.32%
福建	0.14%	1.26%	1.51%
江西	0.07%	0.42%	0.26%
广西	0.07%	1.48%	0.57%
海南	0.02%	1.15%	0.58%
河南	0.21%	0.42%	0.22%
湖南	0.26%	0.06%	0.08%
贵州	0.07%	0.30%	0.16%
云南	0.12%	0.38%	0.27%
西藏	0.00%	0.01%	0.01%
甘肃	0.06%	0.21%	0.06%
青海	0.01%	0.03%	0.02%
宁夏	0.02%	0.08%	0.06%
新疆	0.05%	0.31%	0.11%
低投入区域	**0.10%**	**0.53%**	**0.29%**

资料来源：根据《中国科技统计年鉴》的相关数据计算得到

从表 5-6 的数据可以看出，R&D 低投入区域的各类专利产出都明显低于其他两个区域，这可能与这些省区市在 R&D 方面的投入较少有直接的关系；R&D 高投入区域发明专利的比例明显高于中等投入区域，如果与 R&D 资金的投入来源结合起来，可以发现在 R&D 高投入区域的 5 个省市中北京、上海、陕西都是政府 R&D 经费投入比例很大的省市，政府 R&D 经费可能投入关系国民经济的基础研究中，这也可能是这个区域发明专利比例最高的主要原因；R&D 中等投入区域实用新型专利和外观设计专利的比例都较高。

第五节　结论及政策建议

在使用 2000～2013 年各区域 R&D 强度的平均值对我国 31 个省区市进行分类的基础上，本章研究了我国 R&D 投入高、中等和低三个不同区域 R&D 投入对经济增长的影响问题，结果显示在样本区间内 R&D 低投入区域 R&D 投入对经济增长的影响最大，其次是高投入区域，最后是中等投入区域。

对于这个实证研究的结果，分别从 R&D 经费的支出、R&D 经费的来源及 R&D 活动产出的专利成果类型三个角度进行了相关分析，可以发现在样本区间内，R&D 经费低投入区域虽然 R&D 经费投入较少，但是其在基础研究方面的投入相对于其他两个区域来看较大，其投入比例也是最接近发达国家的 R&D 类型投入比例的。此外，R&D 经费低投入区域在政府 R&D 经费投入比例方面虽然低于高投入区域，但是高于中等投入区域，而在企业 R&D 经费投入比例方面虽然低于中等投入区域，但高于高投入区域，也说明其在 R&D 经费的投入方面比较协调，这也许是 R&D 低投入区域 R&D 经费投入能够对经济增长影响最大的主要原因。R&D 低投入区域在专利产出方面非常少，这与其 R&D 经费投入最少有直接的关系。因此对于这个区域最重要的工作就是加大 R&D 经费的投入力度，R&D 经费发挥作用的空间将是最大的。对于 R&D 经费高投入区域，其政府 R&D 经费的投入比例是最高的，其发明专利的比例也是最高的，其基础研究比例仅次于 R&D 低投入区域，这说明这些区域有丰厚的 R&D 基础，但是对于这些区域来说，特别是北京、上海、陕西等省市拥有大量的高校和科研院所，其 R&D 活动可能更多的是进行更高端的公共技术的研发，这种 R&D 活动具有更大的不确定性，同时当其 R&D 经费达到一定数量的时候也许会出现边际效益递减，这可能是其 R&D 经费对经济增长作用低于 R&D 经费低投入区域的原因，因此对于这些区域最重要的应该是提高 R&D 经费的使用效率。对于 R&D 经费中等投入区域，其基础研究比例偏低，可能也与其政府 R&D 经费投入的比例偏低有直接的关系，这是否影响了 R&D 经费对经济增长作用的发挥还需要做进一步的研究。熊彼特认为只有在 R&D 投入达到一定规模并与当地经济主体相联系的情况下，才能产生创新的外溢，创新成果才能更好地转化为经济增长，为此，本书针对这一问题对 R&D 投入对经济增长的作用进行门槛效应研究。

第六章 我国区域 R&D 投入与经济增长的门槛效应研究

第一节 问题的提出

第四章的研究结果已经表明虽然我国各省区市由于历史、地理位置和文化等因素，在各方面存在很大的差异，但是不同省区市的 R&D 投入可以通过直接或间接的途径产生知识外溢，对经济发展水平相近邻省区市的创新水平和经济发展都会产生正向的影响。根据每一个省（自治区、直辖市）的特点，制定有针对性的创新发展政策，不仅会促进一个省（自治区、直辖市）的发展，也会使得整个国家创新体系和国家经济体系共同发展。第五章的研究结果表明，R&D 投入多的区域，其 R&D 经费的投入对经济增长产生的影响并不是最大的，解释这些现象并不能仅仅从 R&D 经费投入本身看问题，这可能会涉及各个省区市自身的各种特征，为了从更多的角度研究 R&D 投入对我国各省区市的影响，本章针对我国各省区市的不同特点，采用 Hansen（1999）的面板门槛回归模型对我国各省区市 R&D 投入对经济增长的影响进行研究，希望能够通过各省区市进行有目的的 R&D 活动，促进技术进步，缩小区域间的差距，进而推动我国经济增长。

我国区域 R&D 投入存在很大的差异，从考察省区市间 R&D 差异经常使用的指标 R&D 强度来看，各省区市之间就非常不均衡，如北京、上海、江苏、浙江等东部发达地区的 R&D 强度很高，有的甚至超过了世界发达国家，但是如西藏、海南、广西等又非常低，表 6-1 为 2000～2013 年我国各省区市 R&D 强度的数据。

从表 6-1 的数据可以看出我国各省区市在 R&D 投入方面的不均衡，总体来看东部沿海地区的经济发达，R&D 投入力度相对也高，西部地区经济欠发达，R&D 投入也相对欠缺。为了更形象地体现这种差异，选取我国各省区市 R&D 强度的 2000 年、2005 年、2010 年、2013 年和 2000～2013 年的平均值作图，如图 6-1 所示。

从图 6-1 可见我国各省区市在 R&D 投入方面的差距一直存在，而且这种差距没有缩小的趋势，相对来说上海、江苏、浙江、山东和广东在这方面的投入有快速增长的趋势。根据 R&D 强度的差异可以将我国各省区市划分为不同的区域，每个区域由于 R&D 投入力度的不同，对经济增长的贡献也不相同。大多数文献

表 6-1　2000~2013 年我国各省区市 R&D 强度

省区市	2000年	2001年	2002年	2003年	2004年	2005年	2006年	2007年	2008年	2009年	2010年	2011年	2012年	2013年
北京	4.93%	4.61%	5.07%	5.10%	5.24%	5.55%	5.50%	5.40%	5.25%	5.50%	5.82%	5.76%	5.95%	6.08%
天津	1.45%	1.31%	1.45%	1.57%	1.73%	1.96%	2.18%	2.27%	2.45%	2.37%	2.49%	2.63%	2.80%	2.98%
河北	0.52%	0.47%	0.56%	0.55%	0.52%	0.58%	0.66%	0.66%	0.67%	0.78%	0.76%	0.82%	0.92%	1.00%
山西	0.54%	0.53%	0.62%	0.55%	0.65%	0.63%	0.76%	0.86%	0.90%	1.10%	0.98%	1.01%	1.09%	1.23%
内蒙古	0.21%	0.23%	0.25%	0.27%	0.26%	0.30%	0.34%	0.40%	0.44%	0.53%	0.55%	0.59%	0.64%	0.70%
辽宁	0.89%	1.07%	1.31%	1.38%	1.60%	1.56%	1.47%	1.50%	1.41%	1.53%	1.56%	1.64%	1.57%	1.65%
吉林	0.69%	0.78%	1.12%	1.04%	1.14%	1.09%	0.96%	0.96%	0.82%	1.12%	0.87%	0.84%	0.92%	0.92%
黑龙江	0.47%	0.59%	0.88%	0.81%	0.74%	0.89%	0.92%	0.93%	1.04%	1.26%	1.19%	1.02%	1.07%	1.15%
上海	1.54%	1.69%	1.92%	1.93%	2.21%	2.28%	2.50%	2.52%	2.59%	2.81%	2.81%	3.11%	3.37%	3.60%
江苏	0.85%	0.98%	1.11%	1.21%	1.43%	1.47%	1.60%	1.67%	1.92%	2.03%	2.07%	2.17%	2.38%	2.51%
浙江	0.55%	0.60%	0.68%	0.78%	0.99%	1.22%	1.42%	1.50%	1.60%	1.75%	1.78%	1.85%	2.08%	2.18%
安徽	0.69%	0.65%	0.73%	0.83%	0.80%	0.85%	0.97%	0.97%	1.11%	1.33%	1.32%	1.40%	1.64%	1.85%
福建	0.56%	0.55%	0.55%	0.75%	0.80%	0.82%	0.89%	0.89%	0.94%	1.11%	1.16%	1.26%	1.38%	1.44%
江西	0.41%	0.36%	0.48%	0.60%	0.62%	0.70%	0.81%	0.89%	0.97%	0.99%	0.92%	0.83%	0.88%	0.94%
山东	0.62%	0.66%	0.86%	0.86%	0.95%	1.05%	1.06%	1.20%	1.40%	1.53%	1.72%	1.86%	2.04%	2.15%
河南	0.49%	0.51%	0.49%	0.50%	0.50%	0.52%	0.64%	0.67%	0.66%	0.89%	0.91%	0.98%	1.05%	1.11%
湖北	0.98%	0.95%	1.14%	1.15%	1.01%	1.15%	1.25%	1.21%	1.31%	1.64%	1.65%	1.65%	1.73%	1.81%

续表

省区市	2000 年	2001 年	2002 年	2003 年	2004 年	2005 年	2006 年	2007 年	2008 年	2009 年	2010 年	2011 年	2012 年	2013 年
湖南	0.54%	0.63%	0.63%	0.65%	0.66%	0.68%	0.71%	0.80%	1.01%	1.17%	1.16%	1.19%	1.30%	1.33%
广东	1.00%	1.14%	1.16%	1.14%	1.12%	1.09%	1.19%	1.30%	1.41%	1.65%	1.76%	1.96%	2.17%	2.32%
广西	0.40%	0.35%	0.36%	0.40%	0.35%	0.36%	0.38%	0.37%	0.46%	0.61%	0.66%	0.69%	0.75%	0.75%
海南	0.15%	0.14%	0.20%	0.17%	0.26%	0.18%	0.20%	0.21%	0.23%	0.34%	0.34%	0.41%	0.48%	0.47%
重庆	0.63%	0.57%	0.63%	0.77%	0.89%	1.04%	1.06%	1.14%	1.18%	1.22%	1.27%	1.28%	1.40%	1.39%
四川	1.14%	1.36%	1.31%	1.49%	1.22%	1.31%	1.25%	1.32%	1.28%	1.51%	1.54%	1.40%	1.47%	1.52%
贵州	0.41%	0.47%	0.49%	0.55%	0.52%	0.56%	0.64%	0.50%	0.57%	0.67%	0.65%	0.64%	0.61%	0.59%
云南	0.34%	0.36%	0.42%	0.43%	0.41%	0.61%	0.52%	0.55%	0.54%	0.60%	0.61%	0.63%	0.67%	0.68%
西藏	0.17%	0.14%	0.29%	0.16%	0.16%	0.14%	0.17%	0.20%	0.31%	0.30%	0.29%	0.19%	0.25%	0.29%
陕西	2.74%	2.57%	2.69%	2.63%	2.63%	2.52%	2.24%	2.23%	2.09%	2.31%	2.15%	1.99%	1.99%	2.14%
甘肃	0.69%	0.75%	0.89%	0.91%	0.85%	1.01%	1.05%	0.95%	1.00%	1.10%	1.02%	0.97%	1.07%	1.07%
青海	0.49%	0.40%	0.61%	0.62%	0.65%	0.54%	0.52%	0.49%	0.41%	0.69%	0.74%	0.75%	0.69%	0.65%
宁夏	0.54%	0.44%	0.52%	0.53%	0.57%	0.52%	0.70%	0.84%	0.69%	0.77%	0.68%	0.73%	0.78%	0.81%
新疆	0.23%	0.21%	0.22%	0.20%	0.27%	0.25%	0.28%	0.28%	0.38%	0.51%	0.49%	0.50%	0.53%	0.54%

资料来源：历年《中国科技统计年鉴》

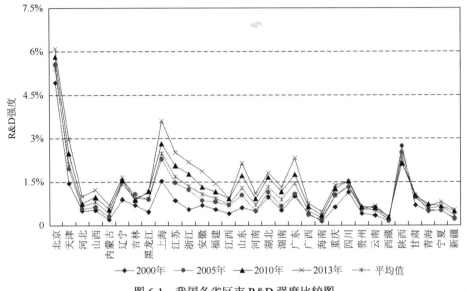

图 6-1　我国各省区市 R&D 强度比较图

对我国各省区市的分类都是基于《中国统计年鉴》中对东北、东部、中部和西部的划分进行的，但是这种纯地理的区域划分方式在研究 R&D 投入与产出关系时是存在一定的问题的，例如，海南虽然在经济、R&D 投入等许多方面并不属于东部发达地区，但是却被划入东部地区，陕西作为 R&D 投入的大省却被划入落后的西部地区；从时间跨度上看，在样本区间里有些省区市 R&D 投入力度比较大，也可能已经脱离了其原来所在的区域，这种动态变化在原来的分类方法中都是无法体现的，而面板门槛回归模型可以更准确地将这一动态的变化反映出来，同时可以依据不同的标准研究各省区市 R&D 投入对经济增长的作用，从而更准确地对各个省市进行定位，制定更有针对性的政策。

第二节　模型的设定

一、线性模型的设定

在测算各生产要素对经济增长的影响时，最经典的模型就是 C-D 生产函数，其基本形式如式（6-1）所示：

$$Y = AK^{\alpha}L^{\beta} \qquad\qquad (6-1)$$

式中，A 为科技进步系数；K 为资本要素的投入；L 为劳动要素的投入；α、β 分别为资本投入的产出弹性和劳动投入的产出弹性。在 C-D 生产函数中，技术进步的影响综合体现在常数 A 中，但是技术进步有多种来源，进行 R&D 活动是促进技术进步的重要途径。R&D 活动不仅可以促进知识的积累，而且可以在产出相同的情况下减少劳动或者资本的投入，促进技术进步。要进行 R&D 活动，R&D 投入是必不可少的，为此将 R&D 投入作为一个新的生产要素引入 C-D 生产函数中，形成改进后的 C-D 生产函数，如式（6-2）所示：

$$Y = AK^{\alpha}L^{\beta}RD^{\gamma} \tag{6-2}$$

式中，RD 为 R&D 投入；γ 为 R&D 投入的产出弹性。改进后的 C-D 函数将原本分摊在资本和劳动要素上的科技创新要素的影响从函数中分离出来，形成独立的第三个要素来反映 R&D 投入对产出的影响。本书在对 R&D 投入与区域经济发展关系的研究中就使用了改进后的 C-D 生产函数，一个地区的 C-D 生产函数可表示为

$$Y_{it} = AK_{it}^{\alpha}L_{it}^{\beta}RD_{it}^{\gamma} \tag{6-3}$$

式中，i 为地区；t 为时间；A 为科技进步系数，代表除物质资本、劳动投入和 R&D 投入之外的所有其他影响产出的因素；Y_{it}、K_{it}、L_{it}、RD_{it} 分别为第 i 个地区第 t 年的产出、资本要素的投入、劳动要素的投入以及 R&D 投入；α、β、γ 分别为资本投入的产出弹性、劳动投入的产出弹性和 R&D 投入的产出弹性。对式（6-3）两边取对数，并设 $a = \ln A$，得

$$\ln Y_{it} = a + \alpha \ln K_{it} + \beta \ln L_{it} + \gamma \ln RD_{it} \tag{6-4}$$

将式（6-4）转换为经济计量模型为

$$\ln Y_{it} = a + \alpha \ln K_{it} + \beta \ln L_{it} + \gamma \ln RD_{it} + \mu_{it} \tag{6-5}$$

式中，μ_{it} 为随机误差项。

二、面板门槛回归模型的设定

我国各地区在科技投入水平、人力资本、政府支持力度和开放程度等各个方面都存在很大的差异，这可能导致 R&D 投入在不同地区的差异。因此本书主要考察这些方面的差异是如何影响 R&D 投入对经济增长发挥作用的，这些方面的差异是否存在一定的"门槛"，导致越过"门槛"的地区和没有越过"门槛"的地区在 R&D 投入方面对经济增长的影响是不同的。传统的研究方法大多依照某个影响指标对样本进行分组，但是这种方法的分组是固定的，无法反映各地区发展环境的动态变化，存在一定的局限性，面板门槛回归模型的发展为解决这一问题提供了更好的思路，为此本书引入 Hansen（1999）的面板门槛回归模型对这一问题进行研究。该模型的基本方法是依据影响因素本身的数据特点来内生地对地区进行分组，如果存在门槛，那么解释变量对被解释变量的影响就会存在明显的差异。其模型如式（6-6）所示：

$$y_{it} = \mu_i + \theta'_1 x_{it} I(q_{it} \leqslant \gamma) + \theta'_2 x_{it} I(q_{it} > \gamma) + e_{it} \tag{6-6}$$

式中，q_{it} 为门槛变量；γ 为门槛值，根据门槛变量是否大于门槛值，将样本数据分为两组，其影响系数分别为 θ_1 和 θ_2；$I\{\}$ 为指示函数，当 $q_{it} \leqslant \gamma$ 时，$I\{\}=1$，否则 $I\{\}=0$，其另一种更直观的形式如式（6-7）所示：

$$y_{it} = \begin{cases} \mu_i + \theta'_1 x_{it} + e_{it}, & q_{it} \leqslant \gamma \\ \mu_i + \theta'_2 x_{it} + e_{it}, & q_{it} > \gamma \end{cases} \tag{6-7}$$

根据门槛变量是否大于门槛值将观察值分为两个"机制"（regimes），不同"机制"的斜率显著不同。本书试图研究门槛变量越过门槛值是否导致 R&D 投入对经济增长的不同影响，因此将 R&D 投入作为受门槛变量影响的解释变量，线性回归模型（6-5）的面板门槛回归模型如式（6-8）所示：

$$\ln Y_{it} = \beta_0 + \beta_1 \ln K_{it} + \beta_2 \ln L_{it} + \theta_1 \ln RD_{it} I(q_{it} \leqslant \gamma) + \theta_2 \ln RD_{it} I(q_{it} > \gamma) + e_{it}$$
$$\tag{6-8}$$

式中，e_{it} 为随机误差项。

三、门槛值的确定

面板门槛回归理论认为对于任意给定的门槛值 γ，可以使用普通最小二乘法估计出模型的系数，进而求出残差平方和，如式（6-9）所示：

$$S_1(\gamma) = \hat{e}_t(\gamma)' \hat{e}_t(\gamma) \tag{6-9}$$

Chan（1993）和 Hansen（1999）认为最优门槛值 $\hat{\gamma}$ 是使得残差平方和最小的 γ 值，即

$$\hat{\gamma} = \arg\min S_1(\gamma) \tag{6-10}$$

因此，可以通过连续给出模型中的候选门槛值，来观察残差平方和的变化，从中选出残差平方和最小的候选门槛值，就是模型的最优门槛值。

在进行估计时，需要将样本按照门槛变量值进行升序排列，考虑到落到任何一组的样本值太少都会影响门槛的估计结果，Hansen 首先将样本的最大和最小的1%或 5%（本书选取 5%）直接分到两个组中，然后使用中间的 98% 或者 90% 的样本作为门槛值的候选范围。为了提高门槛值估计的精确度，在估计的时候Hansen 使用了格栅搜索（grid research）法，以 0.25% 作为格栅将候选门槛值进行格栅化处理，使用处理后的全部格栅点作为候选门槛值来计算模型的残差平方和$S_1(\gamma)$，然后选择使得残差平方和最小的门槛值作为真实门槛值。

四、门槛效应的检验

（一）显著性检验

面板门槛回归模型进行显著性检验的目的是检验以门槛值划分的两组样本的估计参数是否显著不同。进行门槛效应显著性检验的零假设为

$$H_0 : \theta_1 = \theta_2 \qquad (6\text{-}11)$$

如果零假设 H_0 被接受，那么模型（6-8）不存在门槛值，面板门槛回归模型直接可以退化为线性模型（6-5）。但是在这种情况下，检验统计量的大样本分布并非卡方分布，而是受到干扰参数影响的非标准（non-standard）分布，门槛值 γ 无法识别，为此 Hansen（1996）提出使用自助抽样法（bootstrap）来模拟似然比统计量的渐近分布。零假设的似然比统计量的公式为

$$F_1 = \frac{S_0 - S_1(\hat{\gamma})}{\hat{\delta}^2} \qquad (6\text{-}12)$$

式中，S_0 为在零假设（即无门槛值）下的残差平方和加总；S_1 为存在门槛效应下的残差平方和加总。通过进行大量重复的计算，就可以得到零假设下 F_1 的 P 值。除了一个门槛值的检验程序，为了确定是否存在两个或两个以上的门槛值，必须再进行两个门槛值的检验。如果拒绝拉格朗日乘数（Lagrange multiplier，LM）检验，则表示至少存在一个门槛值，接着假设一个估计得到的 $\hat{\gamma}_1$ 为已知，再进行下一个门槛值 γ_2 的搜寻。在确定了两个门槛之后，继续进行第三个门槛的检验，以此类推，直到无法拒绝零假设。多个门槛检验的原理与一个门槛的情况相同。

（二）一致性检验

当面板门槛回归模型存在显著性，即 $\theta_1 \neq \theta_2$ 时，Chan（1993）和 Hansen（1999）指出还必须进行一致性检验，即检验门槛的估计值是否是其真实值。其原假设为

$$H_0 : \gamma = \gamma_0 \qquad (6\text{-}13)$$

为了检验原假设，Hansen 构建了 γ 的似然比统计量，如式（6-14）所示：

$$\mathrm{LR}_1(\gamma) = \frac{S_1(\gamma) - S_1(\hat{\gamma})}{\hat{\delta}^2} \qquad (6\text{-}14)$$

式中，$S_1(\hat{\gamma})$ 为原假设下估计得到的残差平方和；$\hat{\delta}^2$ 为原假设下估计得到的残差方差。此时统计量 LR_1 的分布也是非标准的，但 Hansen（1996）提出了一个简单的公式来计算其置信区间，即在显著性水平为 a，当 $\mathrm{LR}_1(\gamma) > -2\ln(1 - \sqrt{1-a})$ 时，拒绝原假设。一般地，当 a 在 5% 的显著性水平下，LR_1 统计量的临界值为 7.35。

第三节　数据来源及相关检验

一、变量数据的选取

本书选取我国 31 个省区市 2000～2013 年的相关数据进行研究，数据均来自于各年的《中国统计年鉴》、《中国科技统计年鉴》、中经网统计数据库（http://db.cei.gov.cn）和各地区的统计年鉴。其中总产出使用各地区的 GDP 表示，并利用各地区以 2000 年为基年的 GDP 价格指数进行平减处理；劳动要素选取各地区就业人数数据[①]；资本存量和 R&D 资本存量数据的计算见第三章，考虑到 R&D 投入对经济增长作用的发挥具有一定的滞后效应，经过反复模拟，本书选取 R&D 资本存量的滞后 1 期作为 R&D 资本投入。模型中各变量的统计特征如表 6-2 所示。

表 6-2　变量的统计特征

变量		均值	标准差	最小值	最大值	观测值
GDP/亿元	全体	7 462.08	7 504.045	117.8	46 213.68	434
	组间		6 182.253	280.955	25 925.94	31
就业人数/万人	全体	2 408.241	1 751.848	124.18	6 580.4	434
	组间		1 764.522	157.136	6 135.5	31
固定资本存量/亿元	全体	19 135.39	19 348.17	375.725	115 323.4	434
	组间		13 819.95	1 143.852	53 795.85	31
R&D 资本存量/亿元	全体	411.5087	662.3596	0.49 457	4 166.832	434
	组间		485.403	2.702	1 845.866	31

二、门槛变量的选择

根据相关研究的成果，本书选取以下六个可能是 R&D 投入对经济增长影响较大的变量作为门槛变量，分别从不同的角度测度依据各门槛变量的门槛值划分的不同区间 R&D 投入对经济增长影响的差异性。

（一）R&D 强度

R&D 强度是指 R&D 经费投入占 GDP 的比例，国际上通常采用这个指标来衡

[①]《中国统计年鉴》自 2011 年不再提供各地区的就业人数数据，故 2011 年及以后数据来自各地区的统计年鉴

量一个国家或者地区对科学创造与创新能力给予的资金支持程度。《世界科学报告》的研究表明，发达国家的 R&D 强度最高，约为 2.5%；中等发达国家为 1.5%；发展中国家为 1%。根据发达国家的经验，一个国家在经济发展初期的 R&D 强度一般在 0.5%～0.7%，国际上公认的经济起飞阶段的 R&D 强度为 1.5%（江静，2006）。我国各省区市 R&D 强度的差距很大，表 6-3 为 2000～2013 年我国各省区市 R&D 强度的统计特征数据。

表 6-3　2000～2013 年我国各省区市 R&D 强度的统计特征

年份	平均值	标准差	最小值	最大值
2000	0.83%	0.91	0.15%	4.93%
2001	0.84%	0.86	0.14%	4.61%
2002	0.96%	0.93	0.2%	5.07%
2003	0.98%	0.93	0.16%	5.1%
2004	1.02%	0.96	0.16%	5.24%
2005	1.08%	1.01	0.14%	5.55%
2006	1.12%	0.99	0.17%	5.5%
2007	1.15%	0.98	0.2%	5.4%
2008	1.19%	0.96	0.23%	5.25%
2009	1.35%	0.98	0.3%	5.5%
2010	1.35%	1.04	0.29%	5.82%
2011	1.38%	1.05	0.19%	5.76%
2012	1.47%	1.10	0.25%	5.95%
2013	1.54%	1.15	0.29%	6.08%

从表 6-3 可以看出，我国各省区市 R&D 强度的差异很大，其标准差还有不断加大的趋势。如图 5-1 所示，我国 R&D 强度较大的地区基本集中在北京、上海等东部发达地区，西部偏远地区的 R&D 强度很低，特别是西藏，那么是否 R&D 强度越大的省（自治区、直辖市）其 R&D 投入对经济增长的作用就越大呢？为此选取 R&D 强度作为门槛变量来对这个问题进行相关的研究。

（二）人力资本

Nelson 和 Phelps（1966）、Romer（1990）、Grossman 和 Helpman（1991）、Aghion 和 Howitt（1992）在内生增长理论中提出，人力资本是促进经济增长的重要因素。他们强调了从业人员的教育水平会通过技术创新和技术外溢带来经济增长。Lucas（1988）认为经济增长率取决于人力资本的增长率，持续增加的人力资本能够促进经济增长。Lai 等（2006）、Kuo 和 Yang（2008）使用中国的省区市数据进行了回归分析，在模型中引入了人力资本与外国直接投资的交互项来模拟人力资本对外国知识技术的吸收是如何影响经济增长的。这两项研究都发现国外技术和知识是否能使我国获益取决于国内的人力资本水平。受过教育的从业人员是影响 R&D 投入对经济增长作用发挥的一个重要因素，因此，大多数研究以受教育水平来表示人力资本（Lucas，1988；Becker，et al，1990；Romer，1990）。赖明勇等（2005）认为人力资本对经济增长具有双重效应：一方面，人力资本投资可以通过提高劳动者受教育程度、职业技能、技术熟练程度来直接增加产出水平；另一方面，人力资本通过增强本国的技术吸收能力和 R&D 水平来间接促进经济增长。在现有文献中对人力资本的计算方法较多，采用的指标也各不相同，如平均受教育年限、中小学入学率、人口识字率、每万人大学生人数、教育支出占 GDP比例等，Barro 和 Lee（1993）以不同教育水平的人口占总人口的比例作为人力资本指标的方法目前在实证研究中采用得比较多，在此也选择这种平均受教育年限法来计算人力资本。设定不同教育水平的受教育年限为：不识字或识字很少的为 0 年，小学为 6 年，初中为 9 年，高中为 12 年，大学及以上为 16 年，以各受教育水平人口在总人口中的比例作为权重计算获得。各省区市人口受教育程度数据来自各年度的《中国人口与就业统计年鉴》。图 6-2 为我国各省区市 2000 年、2005 年、2010 年和 2013 年的人力资本情况。

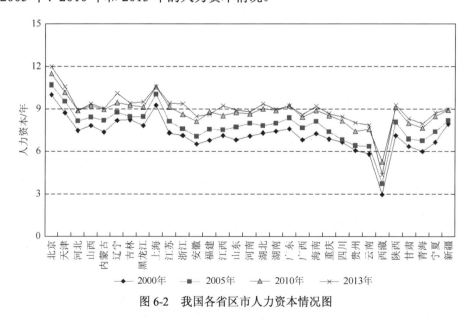

图 6-2　我国各省区市人力资本情况图

从图 6-2 可以看出，我国各省区市的人力资本分布是不均衡的，其中西藏最低，云南、贵州等偏远地区的人力资本较北京、天津、上海、辽宁等发达地区有很大的差距，而且随时间的推移，这些差距没有丝毫减小的迹象。在此选择人力资本作为门槛变量来考察是否人力资本越高的地区，其 R&D 投入对经济增长的作用越大的问题。

（三）政府 R&D 经费

R&D 活动需要大量的经费，具有较大的风险性和不确定性，预测 R&D 活动未来能带来的收益是非常困难的（Rosenberg，2010），同时 R&D 活动的成果可能需要经过相当长的一段时间才能够显现出来，而且一些基础研究具有公共产品的特性，企业对于这种 R&D 活动的积极性是较低的，对于公共性强的基础研究，企业都会更多地依赖于政府的投资（Bebczuk，2000；Bebczuk，2001）。因此在大多数情况下，R&D 市场的投入是不足的，此时就特别需要政府发挥其调节作用，在这些基础研究方面政府的支持力度就显得特别重要。但是政府的 R&D 投入也可能对企业的 R&D 投入具有挤出效应，姚洋和章奇（2001）认为政府在 R&D 投入方面占主导地位并不是一种有效率的状态，政府所创办的公共研究机构（包括各级科学院所、研究所等）的 R&D 支出对企业 R&D 效率有负面影响。图 6-3 为我国各省区市 2000 年、2005 年、2010 年和 2013 年 R&D 经费中政府 R&D 经费所占比例的情况。

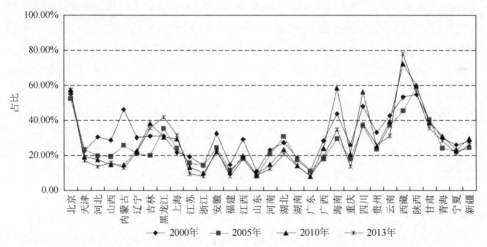

图 6-3　我国各省区市政府 R&D 经费在 R&D 经费中所占比例情况图

从图 6-3 可见，我国各省区市 R&D 经费中政府 R&D 经费所占比例存在很大的差异，西藏、海南、四川、陕西等西部地区和经济发达地区北京，政府 R&D 经费投入的比例最高，基本都达到或者超过了 60%，而沿海发达地区，如江苏、浙江、上海、山东和广东的比例则很低，不到 20%。这种现象表明由于偏远地区自身经济落后，政府在 R&D 经费投入上是有所倾斜的，政府在这些地区的 R&D 投入较多，而沿海发达地区的 R&D 经费基本是依赖企业投入的。政府的这种 R&D 经费投入的倾斜政策是否会增强偏远地区的 R&D 投入对经济增长的作用呢？为了研究这个问题，在此选择政府 R&D 经费占 R&D 经费比例作为门槛变量。

（四）外国直接投资

外国直接投资是国际资本流动的主要方式，相关研究表明开放国家的全要素生产率会受到外国直接投资的影响，外国直接投资不仅可以增加东道国的资本存量，提高投资质量，最重要的是大量的外国直接投资可以对东道国产生技术外溢，从而使东道国的技术水平、组织效率都得以提高，最终提高全要素生产率（沈坤荣和耿强，2001）。但是相关研究也表明，外国直接投资对东道国 R&D 投入的影响具有很大的不确定性。一方面，开放环境下的外国直接投资可以充当一种传播新思想、新技术和新管理理念的工具，有可能产生技术溢出效应，同时国外公司带来的竞争压力也可能对国内企业 R&D 产生一种积极的外部冲击，从而可能刺激国内企业加大科技 R&D 力度；另一方面，接受外国直接投资的企业也可能通过技术升级和竞争将技术水平较低的国内企业挤出市场。Caves（1974）、Blomstrom 等（1994）、Kokko（1994）等的研究大多支持外国直接投资在发达国家会产生技术溢出效应，而在发展中国家溢出效应不明显。针对我国外国直接投资的具体特点，我国学者也进行了相应的研究，例如，何洁和许罗丹（1999）的研究结果表明我国 28 个省区市中有 7 个省区市外国直接投资的溢出效应不明显，从而认为外国直接投资的溢出效应为正向或者不明显；潘文卿（2003）从中国地区分布角度进行研究，其结果表明外国直接投资溢出效应作用是正向的，但是作用不大，西部地区溢出效应不明显，东部地区较小，中部地区较大；张海洋（2005）在研究外资进入对内资企业生产效率增长的影响时发现，如果剔除内资企业自主研发的因素，外国直接投资对内资企业生产效率提高的影响不显著。但是，王红领等（2006）的研究则发现外国直接投资对内资企业的 R&D 能力有显著的促进作用，如果某一个行业外资进入程度提高得越快，那么该行业内资企业的 R&D 能力也提高得越快；沈坤荣（1999）的研究表明外国直接投资占 GDP 的比例每增加 1 个百分点，全要素生产率提高 0.37 个单位；肖兴志和王海（2013）认为总体来说外国直接投资对各个省区市创新都起到了促进作用。这两方面的影响到底哪一个更大，国内外许多学者都对此进行了研究，但是始终没有得到一个统一的结论。图 6-4 为我国各省区市 2000 年、2005 年、2010 年和 2013 年外国直接投资变化图。

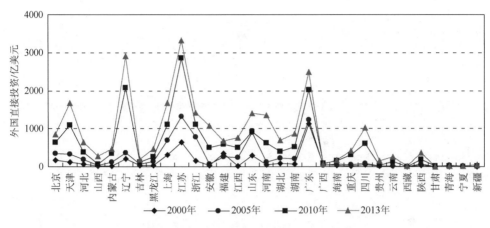

图 6-4　我国各省区市外国直接投资情况图

从图 6-4 可见我国各省区市在外国直接投资方面的差异是巨大的，东部沿海地区的外国直接投资明显要高，而且在近些年，这种差距还呈现了迅速扩大的趋势，而西部偏远地区的外国直接投资则非常少。在这些高外国直接投资的地区是否 R&D 经费的投入对经济增长的促进作用就大，外国直接投资的大量涌入在这个过程中到底是溢出效应还是挤出效应都有待实证做进一步的检验。考虑到外国直接投资必须达到一定的量才可能影响 R&D 投入对经济增长的作用，因此在此选取各地区外国直接投资当年值作为衡量的指标来对这个问题进行研究。

（五）对外贸易

对外贸易是 GDP 的一部分，它对 R&D 活动具有双向的影响。一方面，由于缺乏必要的人力资本和知识资本的积累，对于在生产高科技产品方面比较弱势的国家，会因为对外贸易而减少 R&D 活动（Grossman and Helpman，1991），最终国际贸易中科技密集型产品在避免了重复 R&D 之余，改进了世界资源的有效配置，但是与此同时，逐渐将一些不发达国家从 R&D 产业中"驱逐"出去；另一方面，跨越国界的技术溢出为技术落后国家提供了模仿技术前沿国家技术的机会，模仿的过程是一个"干中学"的过程，在这一过程中，落后国家可以提高其技术水平，从而使其国内 R&D 活动能够在更高的平台上进行，并刺激 R&D 的需求。Coe 等（2009）从 77 个发展中国家和 22 个发达国家的样本中发现，发展中国家通过和发达国家的国际贸易提升了自己的劳动生产率。但是，这两方面的效应到底哪一个的作用更大具有很大的不确定性。考虑到只有当对外贸易达到一定量时，才可能对 R&D 活动产生影响，故在此以各地区进出口总额的当年值作为门槛变量进行考察。图 6-5 为我国各省区市 2000 年、2005 年、2010 年和 2013 年进出口总额的比较图。

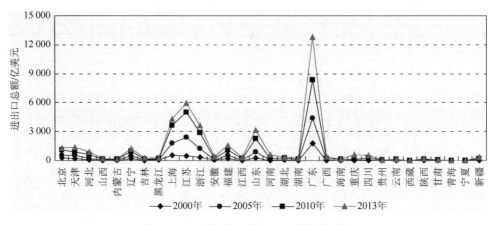

图 6-5　我国各省区市进出口总额情况图

从图 6-5 可见我国东部沿海的广东进出口总额最高，上海、江苏、浙江、山东次之，这些省市的进出口总额近几年增长得很快，而其他地区都很少，而且近几年也没有变化。这种地区性差异主要和地理位置有直接的关系，那么这种格局是否会对我国各地区 R&D 投入与产出的关系产生影响，下面会对这个问题进行具体的研究。

（六）产业结构

根据产业经济学的经典理论，产业结构变动是经济增长的内在要求和重要推动，而不同的产业结构进行 R&D 投入的力度是不同的。联合国教育、科学及文化组织（简称联合国教科文组织）在 1971 年出版的《科学应用与发展》一书中，通过对多个国家的 R&D 投资规模进行比较研究，得出了这样的结果，即处于工业化初期的国家，R&D 强度一般小于 1.0%；工业化中期国家的 R&D 强度一般在 1.5%以上，产业结构也迅速向技术密集和资本密集的方向调整，并对先进技术有较强的消化与吸收能力；进入工业化后期的发达国家，其 R&D 强度一般在 2.0%以上，第三产业成为国民经济的主导产业（莫燕和刘朝马，2003）。直接的观察表明，发达国家第一产业的 R&D 活动较低，而第二产业和第三产业的 R&D 活动相对活跃（江静，2006）。刘伟和张辉（2008）的研究表明产业结构变迁推动了我国经济的显著增长，但是这种推动力随着改革的推进在逐步减弱；孙皓和石柱鲜（2011）认为产业结构调整的持续性和稳定性与经济增长的整体质量密切相关，产业结构调整是经济增长变化的重要原因；周少甫等（2013）的研究表明产业结构的转化是经济增长的重要原因。因此不同的产业结构必然会影响 R&D 投入对经济增长作用的发挥。在此分别选取第二产业占 GDP 比例和第三产业占 GDP 比例这两个指标来衡量各地区产业结构的变化。

三、门槛检验

在选择门槛变量后，要对门槛效应进行检验。根据 Hausman 检验的结果，选择固定效应模型，并使用 Hansen（1999）的自助抽样法计算 P 值，次数为 1000次，检验结果如表 6-4 所示。

表 6-4　模型（6-8）的门槛检验结果

门槛变量		阈值	F 值	P 值	临界值		
					10%	5%	1%
R&D 强度	第一门槛	0.461	43.489	0.000	9.221	10.779	15.197
	第二门槛	1.261	10.531	0.032	8.134	9.772	12.971
	第三门槛	0.690	8.793	0.104	8.870	10.860	14.422
人力资本	第一门槛	7.457	44.622	0.000	10.653	12.539	16.805
	第二门槛	9.441	36.155	0.000	10.282	12.030	15.760
	第三门槛	8.680	10.950	0.067	9.977	11.607	15.450
政府 R&D 投入所占比例	第一门槛	0.439	46.926	0.000	8.397	10.323	14.250
	第二门槛	0.119	8.599	0.076	8.074	9.551	14.633
	第三门槛	0.095	4.881	0.373	7.903	9.317	13.558
外国直接投资	第一门槛	151.200	49.843	0.000	9.633	11.780	14.876
	第二门槛	23.393	18.807	0.005	9.091	10.255	13.454
	第三门槛	1 451.065	14.523	0.006	9.258	10.605	13.235
对外贸易	第一门槛	2 251.603	4.656	0.382	7.411	8.878	11.514
	第二门槛	869.030	5.191	0.365	9.847	12.488	20.346
	第三门槛	3 481.873	2.056	0.869	8.292	10.508	14.347
第三产业占 GDP 比例	第一门槛	0.427	21.375	0.000	7.684	9.281	13.413
	第二门槛	0.371	5.940	0.234	7.755	9.439	12.803
	第三门槛	0.416	3.156	0.781	8.251	10.049	12.832
第二产业占 GDP 比例	第一门槛	0.527	7.418	0.113	7.755	9.081	11.496
	第二门槛	0.452	6.156	0.239	8.100	9.469	12.673
	第三门槛	0.405	7.437	0.137	8.205	9.462	13.702

从表 6-4 的检验结果可知，当门槛变量为 R&D 强度时，模型（6-8）在 5% 的显著性水平下存在两个门槛，分别为 0.461 和 1.261；当门槛变量为人力资本时，

模型（6-8）在10%的显著性水平下存在三个门槛，分别为7.457、8.680和9.441；当门槛变量为政府R&D投入所占比例时，模型（6-8）在10%的显著性水平下存在两个门槛，分别为0.119和0.439；当门槛变量为外国直接投资时，模型（6-8）在1%的显著性水平下存在三个门槛，分别为23.393、151.200和1451.065；当门槛变量为对外贸易时，模型（6-8）接受了原假设，即不存在门槛；当门槛变量为第三产业占GDP比例时，模型（6-8）在1%的显著性水平下存在一个门槛，为0.427；当门槛变量为第二产业占GDP比例时，模型（6-8）接受了原假设，即不存在门槛。

第四节　实　证　研　究

一、面板门槛回归模型回归

门槛检验的结果表明，模型（6-8）存在门槛效应，因此采用Hansen（1999）的面板门槛回归模型对模型（6-8）进行回归，得到面板门槛回归模型的估计结果如表6-5所示。

表6-5　面板门槛回归模型（6-8）的结果

变量	R&D强度	人力资本	政府R&D投入所占比例	外国直接投资	第三产业占GDP比例
C	−0.333*** (−2.147)	−0.785*** (−4.489)	0.118 (0.674)	0.128 (0.842)	−0.766*** (−4.599)
$\ln L$	0.265*** (18.151)	0.377*** (18.970)	0.248*** (17.476)	0.286*** (19.325)	0.284*** (17.521)
$\ln K$	0.638*** (32.221)	0.653*** (24.394)	0.604*** (21.705)	0.637*** (25.446)	0.712*** (27.424)
lnRD_1	0.281*** (9.978)	0.006 (0.312)	0.183*** (10.727)	0.043*** (2.622)	0.079*** (4.796)
lnRD_2	0.182*** (9.218)	0.053*** (3.040)	0.170*** (10.214)	0.078*** (5.482)	0.101*** (6.854)
lnRD_3	0.162*** (3.857)	0.068*** (3.982)	0.134*** (9.370)	0.106*** (2.954)	
lnRD_4		0.101*** (7.186)		0.125*** (8.812)	
R^2	0.9770	0.9790	0.9772	0.9786	0.9782

注：参数估计值下面括号里数值表示t检验值

*参数估计值在10%显著性水平下显著

**参数估计值在5%显著性水平下显著

***参数估计值在1%显著性水平下显著

（1）R&D 强度。以 R&D 强度为门槛变量的回归结果表明当 R&D 强度小于等于 0.461 时，R&D 投入对经济增长的系数为 0.281，当 R&D 强度为 0.461～1.261 时，其系数为 0.182，当 R&D 强度大于 1.261 时，其系数下降为 0.162。这个结果令人深思，虽然从整体上看，R&D 投入对经济增长的弹性已经接近劳动力投入的弹性，但是 R&D 强度的增大并没有使得其对经济增长的弹性增大，而是出现了逐渐减小的现象。

（2）人力资本。以人力资本作为门槛变量，当人力资本小于等于 7.457 时，R&D 投入对经济增长的弹性不显著，当人力资本为 7.457～8.680 时，R&D 投入对经济增长的弹性为 0.053，当其为 8.680～9.441 时，R&D 投入对经济增长的弹性为 0.068，当其大于 9.441 时，R&D 投入对经济增长的弹性增强为 0.101。由此可见，随着人力资本的增加，R&D 投入对经济增长的作用在不断增强。

（3）政府 R&D 投入所占比例。以政府 R&D 投入所占比例作为门槛变量，当政府 R&D 投入所占比例小于等于 11.9%时，R&D 投入对经济增长的弹性为 0.183，当这个比例为 11.9%～43.9%时，R&D 投入对经济增长的弹性为 0.170，当该比例大于 43.9%时，R&D 投入对经济增长的弹性为 0.134。可见随着政府 R&D 投入所占比例的增加，R&D 投入对经济增长的作用在不断下降。

（4）外国直接投资。以外国直接投资作为门槛变量，当外国直接投资小于等于 23.393 亿美元时，R&D 投入对经济增长的弹性为 0.043；当其为 23.393 亿～151.200 亿美元时，R&D 投入对经济增长的弹性为 0.078；当其为 151.200 亿～1451.065 亿美元时，R&D 投入对经济增长的弹性为 0.106；当其大于 1451.065 亿美元时，R&D 投入对经济增长的弹性为 0.125。可见随着外国直接投资的不断增大，R&D 投入对经济增长的弹性也在不断增强。

（5）第三产业占 GDP 比例。以第三产业占 GDP 比例作为门槛变量，当第三产业占 GDP 比例小于等于 0.427 时，R&D 投入对经济增长的弹性为 0.079，当其越过 0.427 的门槛后，R&D 投入对经济增长的弹性上升到 0.101，这说明第三产业占 GDP 比例的增大可以促进 R&D 投入对经济增长作用的发挥。

二、回归结果分析

本书利用 2000～2013 年我国 31 个省区市的相关数据进行面板门槛回归，结果表明分别以 R&D 强度、人力资本、政府 R&D 投入所占比例、外国直接投资和第三产业占 GDP 比例作为门槛变量时，R&D 投入对经济增长的作用都存在门槛效应。

（1）R&D 强度。R&D 强度为门槛变量，当其小于等于 0.461 时，R&D 投入对经济增长的弹性为 0.281，当其为 0.461～1.261 时，弹性为 0.182，当其大于

1.261 时，弹性为 0.162。从总体上看，R&D 投入对经济增长具有积极的促进作用，但是随着 R&D 强度的不断增强，R&D 投入对经济增长的弹性却呈现不断下降的趋势，这表明在样本区间内 R&D 经费高投入的区域 R&D 经费对经济增长的作用反倒没有 R&D 经费低投入的区域高，这个结果与严成樑和龚六堂（2013）的研究结果一致，即 R&D 规模对我国经济增长具有抵制作用。表 6-6 列举了 2000～2013 年落入不同 R&D 强度区间的省区市。

表 6-6　2000～2013 年不同 R&D 强度区间的省区市表

年份	区间		
	R&D 强度≤0.461	0.461<R&D 强度≤1.261	R&D 强度>1.261
2000	内蒙古、江西、广西、海南、贵州、云南、西藏、新疆（8）	河北、山西、辽宁、吉林、黑龙江、江苏、浙江、安徽、福建、山东、河南、湖北、湖南、广东、重庆、四川、甘肃、青海、宁夏（19）	北京、天津、上海、陕西（4）
2001	内蒙古、江西、广西、海南、云南、西藏、青海、宁夏、新疆（9）	河北、山西、辽宁、吉林、黑龙江、江苏、浙江、安徽、福建、山东、河南、湖北、湖南、广东、重庆、贵州、甘肃（17）	北京、天津、上海、四川、陕西（5）
2002	内蒙古、广西、海南、云南、西藏、新疆（6）	河北、山西、吉林、黑龙江、江苏、浙江、安徽、福建、江西、山东、河南、湖北、湖南、广东、重庆、贵州、甘肃、青海、宁夏（19）	北京、天津、辽宁、上海、四川、陕西（6）
2003	内蒙古、广西、海南、云南、西藏、新疆（6）	河北、山西、吉林、黑龙江、江苏、浙江、安徽、福建、江西、山东、河南、湖北、湖南、广东、重庆、贵州、甘肃、青海、宁夏（19）	北京、天津、辽宁、上海、四川、陕西（6）
2004	内蒙古、广西、海南、云南、西藏、新疆（6）	河北、山西、吉林、黑龙江、浙江、安徽、福建、江西、山东、河南、湖北、湖南、广东、重庆、四川、贵州、甘肃、青海、宁夏（19）	北京、天津、辽宁、上海、江苏、陕西（6）
2005	内蒙古、广西、海南、西藏、新疆（5）	河北、山西、吉林、黑龙江、浙江、安徽、福建、江西、山东、河南、湖北、湖南、广东、重庆、贵州、云南、甘肃、青海、宁夏（19）	北京、天津、辽宁、上海、江苏、四川、陕西（7）
2006	内蒙古、广西、海南、西藏、新疆（5）	河北、山西、吉林、黑龙江、安徽、福建、江西、山东、河南、湖北、湖南、广东、重庆、四川、贵州、云南、甘肃、青海、宁夏（19）	北京、天津、辽宁、上海、江苏、浙江、陕西（7）
2007	内蒙古、广西、海南、西藏、新疆（5）	河北、山西、吉林、黑龙江、安徽、福建、江西、山东、河南、湖北、湖南、重庆、贵州、云南、甘肃、青海、宁夏（17）	北京、天津、辽宁、上海、江苏、浙江、广东、四川、陕西（9）
2008	内蒙古、广西、海南、西藏、青海、新疆（6）	河北、山西、吉林、黑龙江、安徽、福建、江西、河南、湖南、重庆、贵州、云南、甘肃、宁夏（14）	北京、天津、辽宁、上海、江苏、浙江、山东、湖北、广东、四川、陕西（11）

续表

年份	区间		
	R&D 强度≤0.461	0.461<R&D 强度≤1.261	R&D 强度>1.261
2009	海南、西藏（2）	河北、山西、内蒙古、吉林、黑龙江、福建、江西、河南、湖南、重庆、贵州、云南、甘肃、青海、宁夏、新疆（16）	北京、天津、辽宁、上海、江苏、浙江、安徽、山东、湖北、广东、重庆、四川、陕西（13）
2010	海南、西藏（2）	河北、山西、内蒙古、吉林、黑龙江、福建、江西、河南、湖南、广西、贵州、云南、甘肃、青海、宁夏、新疆（16）	北京、天津、辽宁、上海、江苏、浙江、安徽、山东、湖北、广东、重庆、四川、陕西（13）
2011	海南、西藏（2）	河北、山西、内蒙古、吉林、黑龙江、福建、江西、河南、湖南、广西、贵州、云南、甘肃、青海、宁夏、新疆（16）	北京、天津、辽宁、上海、江苏、浙江、安徽、山东、湖北、广东、重庆、四川、陕西（13）
2012	西藏（1）	河北、山西、内蒙古、吉林、江西、黑龙江、河南、广西、海南、贵州、云南、甘肃、青海、宁夏、新疆（15）	北京、天津、辽宁、上海、江苏、浙江、安徽、福建、山东、湖北、湖南、广东、重庆、四川、陕西（15）
2013	西藏（1）	河北、山西、内蒙古、吉林、江西、黑龙江、河南、广西、海南、贵州、云南、甘肃、青海、宁夏、新疆（15）	北京、天津、辽宁、上海、江苏、浙江、安徽、福建、山东、湖北、湖南、广东、重庆、四川、陕西（15）

从表 6-6 可以看出，我国 R&D 投入较低的省区市近些年都加大了 R&D 投入力度，特别是 2008 年以来处于这个区间的只剩下了海南和西藏，处于 R&D 中等投入区域中的江苏、浙江、山东、广东等随着 R&D 投入的增大，也逐渐进入高投入区域，使得 R&D 高投入区域从最早的北京、上海、四川和陕西 4 个省市逐渐扩大到 2013 年的 15 个省区市。但是从各省区市在各个不同区域的相对比例来看，R&D 投入高的区域主要有北京、天津、辽宁、上海、江苏、浙江、山东、湖北、广东、四川和陕西，这里面绝大部分省市都是我国东部经济发达地区，它们大多有着得天独厚的优势，或者自身经济发达，或者由于某些特殊的因素能够得到国家 R&D 经费的大量投入。这些地区大量的 R&D 经费并没有使其对经济增长的作用比其他 R&D 经费较少的地区更大，其原因可能是投入结构不合理或者经费浪费，同时可能体现了 R&D 投入边际效益递减的特点。因此，对于这类地区应该以提高投入产出效率为主，如何合理地利用 R&D 经费使其发挥更大的效率是摆在这些 R&D 强度高的地区面前的主要问题；R&D 强度低的地区主要有内蒙古、海南、西藏、广西、贵州、云南、青海、宁夏和新疆，总体上来看这些省区全部属于西部经济欠发达地区，这些地区在经济发展的过程中应该有强烈的创新意识，但是受制于 R&D 经费匮乏，因此，应该加大 R&D 投入力度，将得到的 R&D 经费更好地用在"刀刃"上，从而发挥更大的作用；绝大多数中部省区市都属于 R&D 强度中等的地区，对这些地区来说，其所面临的问题也许是多方面的，

一方面这些地区经济上处于中等水平，R&D 经费没有发达地区充足，另一方面这些地区已经出现了 R&D 经费边际效益递减的现象。从这些地区的 R&D 强度来看，基本上达到了国际公认的经济起飞阶段标准，即 R&D 强度为 1.5%，但与发达地区尚存在一定的差距，因此还有一定的提升空间。但是，在增大 R&D 经费投入的同时，必须注意经费的投入结构问题，尽量避免经费的浪费。

（2）人力资本。门槛回归的结果表明当人力资本小于等于 7.457 时，R&D 投入对经济增长的弹性不显著，当人力资本为 7.457～8.680 时，R&D 投入对经济增长的弹性为 0.053，当其为 8.680～9.441 时，R&D 投入对经济增长的弹性为 0.068，当其大于 9.441 时，R&D 投入对经济增长的弹性增强为 0.101。可见，随着人力资本的增长，R&D 经费投入对经济增长的作用是在不断增强的。表 6-7 为我国各省区市 2000～2013 年人力资本在不同区间的变化情况的统计分类。

表 6-7　2000～2013 年不同人力资本区间的省区市表

年份	人力资本≤7.457	7.457<人力资本≤8.680	8.680<人力资本≤9.441	人力资本>9.441
2000	内蒙古、江苏、浙江、安徽、福建、江西、山东、河南、湖北、湖南、广西、海南、重庆、四川、贵州、云南、西藏、陕西、甘肃、青海、宁夏（21）	河北、山西、辽宁、吉林、黑龙江、广东、新疆（7）	天津、上海（2）	北京（1）
2001	浙江、安徽、重庆、四川、贵州、云南、西藏、甘肃、青海、宁夏（10）	河北、山西、内蒙古、辽宁、吉林、黑龙江、江苏、福建、江西、山东、河南、湖北、湖南、广东、广西、海南、陕西、新疆（18）	天津（1）	北京、上海（2）
2002	安徽、福建、湖北、重庆、四川、贵州、云南、西藏、陕西、甘肃、青海、宁夏（12）	河北、山西、内蒙古、辽宁、吉林、黑龙江、江苏、浙江、江西、山东、河南、湖南、广东、广西、海南、新疆（16）	天津（1）	北京、上海（2）
2003	四川、贵州、云南、西藏、甘肃、青海、宁夏（7）	河北、山西、内蒙古、黑龙江、江苏、浙江、安徽、福建、江西、山东、河南、湖北、湖南、广东、广西、海南、重庆、陕西、新疆（19）	天津、辽宁、吉林（3）	北京、上海（2）
2004	重庆、四川、贵州、云南、西藏、甘肃、青海（7）	河北、山西、内蒙古、黑龙江、江苏、浙江、安徽、福建、江西、山东、河南、湖北、湖南、广东、广西、海南、陕西、宁夏、新疆（19）	辽宁、吉林（2）	北京、天津、上海（3）
2005	安徽、重庆、四川、贵州、云南、西藏、甘肃、青海、宁夏（9）	河北、山西、内蒙古、吉林、黑龙江、江苏、浙江、福建、江西、山东、河南、湖北、湖南、广东、广西、海南、陕西、新疆（18）	辽宁（1）	北京、天津、上海（3）

续表

年份	人力资本≤7.457	7.457＜人力资本≤8.680	8.680＜人力资本≤9.441	人力资本＞9.441
2006	安徽、四川、贵州、云南、西藏、甘肃、青海（7）	河北、内蒙古、吉林、黑龙江、江苏、浙江、福建、江西、山东、河南、湖北、湖南、广东、广西、海南、重庆、陕西、宁夏、新疆（19）	山西、辽宁（2）	北京、天津、上海（3）
2007	安徽、四川、贵州、云南、西藏、甘肃、青海（7）	河北、内蒙古、江苏、浙江、福建、江西、山东、河南、湖北、湖南、广东、广西、海南、重庆、陕西、宁夏、新疆（17）	山西、辽宁、吉林、黑龙江（4）	北京、天津、上海（3）
2008	安徽、贵州、云南、西藏、甘肃、青海（6）	河北、内蒙古、江苏、浙江、福建、江西、山东、河南、湖北、湖南、广西、海南、重庆、四川、陕西、宁夏、新疆（17）	山西、辽宁、吉林、黑龙江、广东（5）	北京、天津、上海（3）
2009	贵州、云南、西藏、甘肃、青海（5）	河北、内蒙古、江苏、浙江、安徽、福建、江西、山东、河南、湖北、湖南、广西、海南、重庆、四川、陕西、宁夏、新疆（18）	山西、辽宁、吉林、黑龙江、广东（5）	北京、天津、上海（3）
2010	海南、西藏（2）	浙江、安徽、江西、河南、广西、重庆、四川、云南、甘肃、青海、宁夏（11）	河北、山西、内蒙古、吉林、黑龙江、江苏、福建、山东、湖北、湖南、广东、海南、陕西、新疆（14）	北京、天津、辽宁、上海（4）
2011	西藏（1）	河北、安徽、山东、广西、四川、贵州、云南、甘肃、青海、宁夏（10）	山西、内蒙古、吉林、黑龙江、江苏、浙江、福建、江西、河南、湖北、湖南、广东、海南、重庆、陕西、新疆（16）	北京、天津、辽宁、上海（4）
2012	西藏（1）	安徽、福建、河南、广西、重庆、四川、贵州、云南、甘肃、青海、宁夏（11）	河北、山西、内蒙古、吉林、黑龙江、江苏、浙江、江西、山东、湖北、湖南、广东、海南、陕西、新疆（15）	北京、天津、辽宁、上海（4）
2013	西藏（1）	安徽、福建、广西、重庆、四川、贵州、云南、甘肃、青海（9）	河北、山西、内蒙古、吉林、江苏、浙江、江西、山东、河南、湖北、湖南、广东、海南、陕西、宁夏、新疆（16）	北京、天津、辽宁、黑龙江、上海（5）

　　从表 6-7 可以看出我国各省区市人力资本的增长情况还是相当乐观的，2000 年人力资本处于第一区间，即人力资本小于等于 7.457 的省区市为 21 个，到 2007 年减少到 7 个，2010 年仅有海南和西藏两个省区，自 2011 年开始就只剩下西藏；相应地 2000 年处于第三个区间，即人力资本为 8.680～9.441 的只有天津和上海，而

处于人力资本最高区间的只有北京，2007 年位于第三区间的增加到了 4 个，位于最高区间的增加到了 3 个，2013 年位于第三区间的增加到了 16 个，位于最高区间的增加到了 5 个。由此可见我国各省区市还是非常重视教育投入的，这是人力资本增长的主要原因。根据相关理论，无论是 R&D 活动，还是外国直接投资，都需要较高的人力资本做基础，只有拥有相应的人力资本，才能吸收各方面的知识溢出，并提高 R&D 效率。因此，继续加大对教育的投入，提高人力资本的水平是促进 R&D 投入对经济增长作用的重要途径。

（3）政府 R&D 投入所占比例。门槛回归的结果表明当政府 R&D 投入所占比例小于等于 11.9%时，R&D 投入对经济增长的弹性为 0.183，当这个比例为 11.9%～43.9%时，R&D 投入对经济增长的弹性为 0.170，当该比例大于 43.9%时，R&D 投入对经济增长的弹性为 0.134。随着政府 R&D 投入所占比例的提高，R&D 投入对经济增长的促进作用是逐渐下降的，而且当这一比例大于 43.9%时，该弹性下降得非常快。但是必须注意到无论在哪一个区间，R&D 投入对经济增长的关系都保持了较大的正相关关系。这可能是由于 R&D 产品具有公共产品的性质，企业是追求自身利益最大化的，而 R&D 的社会回报大于对企业的回报，从而会导致企业对 R&D 投入不足（Arrow，1962；Nelson，2002）。因此，政府必须对市场失灵领域进行干预，如可以通过资助高等院校或者科研院所进行公共基础领域的 R&D 活动，还可以以直接或间接的方式对企业的 R&D 活动进行引导，直接方式为直接资助企业进行相应的 R&D 活动，间接方式为通过税收减免或税收鼓励等方式鼓励企业进行 R&D 活动。因此，政府 R&D 投入对整个国家科技创新水平的提高具有非常重要的作用，其在 R&D 活动中的作用是其他任何形式都无法替代的，加大政府 R&D 投入是必需的。但是，实证研究的结果也表明随着政府 R&D 投入比例的增大，R&D 投入对经济增长的影响处于一个下降的过程中，这说明较多的政府 R&D 投入有可能挤出了企业的 R&D 投入，同时可能存在政府 R&D 经费的使用效率较低的现象。通过对位于不同区间的省区市进行归类，可以发现这些位于不同区间的省份比较固定，如表 6-8 所示。

表 6-8　位于不同政府 R&D 投入所占比例区间的省区市表

政府 R&D 投入所占比例≤11.9%	11.9%<政府 R&D 投入所占比例≤43.9%	政府 R&D 投入所占比例>43.9%
山东、广东（2）	天津、河北、山西、辽宁、吉林、黑龙江、上海、江苏、浙江、安徽、福建、江西、河南、湖北、湖南、广西、重庆、贵州、云南、甘肃、青海、宁夏、新疆（23）	北京、内蒙古、海南、四川、西藏、陕西（6）

从表 6-8 可见，政府 R&D 投入所占比例小于等于 11.9%的省只有山东和广东，政府 R&D 投入所占比例最多的省区市则为北京、内蒙古、海南、四川、西藏和陕

西，其他均为政府 R&D 投入所占比例中等的省区市。对应于企业 R&D 投入所占比例来看，如果主观地将企业 R&D 投入所占比例也划分为三个区间，相对选取小于 50%的为企业 R&D 投入所占比例最小的区间，这个区间会包括北京、四川、西藏和陕西，企业 R&D 投入所占比例大于 75%的省市包括天津、山西、江苏、浙江、福建、山东、湖南和广东，其他属于企业投入所占比例中等的省区市。根据这两个分类标准可以将我国各省区市分为政府主导型、政府企业双主导型和企业主导型三类，如表 6-9 所示。

表 6-9　我国各省区市分类表

政府主导型	政府企业双主导型	企业主导型
北京、内蒙古、海南、四川、西藏、陕西（6）	河北、辽宁、吉林、黑龙江、上海、安徽、江西、河南、湖北、广西、重庆、贵州、云南、甘肃、青海、宁夏、新疆（17）	天津、山西、江苏、浙江、湖南、福建、山东、广东（8）

从表 6-9 可见，在全国范围内，我国已经完成了政府主导型→政府企业双主导型→企业主导型的过渡过程，但是从内部各省区市来看，这个过程仍在继续。国际普遍认为不同的 R&D 经费投入模式与各国经济发展的不同阶段密切相关，联合国教科文组织在 1971 年出版的《科学应用与发展》一书将各国工业化过程分为四个阶段，分别是工业化前阶段、工业化第一阶段、工业化第二阶段和工业化后阶段。相对来说，在工业化第一阶段政府作为 R&D 投入主体的作用十分明显；在工业化第二阶段，主要是从政府主导型向企业主导型过渡的政府企业双主导型；在工业化第三阶段则是企业主导型。根据实证研究的结果可以对应发现目前我国企业主导型省市 R&D 投入对经济增长的作用最大，原因在于企业是非常重视投入产出效益的，其进行 R&D 投入的目标明确，效率较高；而政府主导型省区市 R&D 投入对经济增长的作用是最低的，可见政府 R&D 投入的效率较低，一方面可能是由于政府过多的 R&D 投入对企业 R&D 投入产生了挤出效应，如北京、四川、陕西等，另一方面是有些省区市 R&D 基础过于薄弱，人力资本、知识积累等各个方面都无法更好地配合 R&D 活动的进行，如西藏、海南等。

一般来说，政府的 R&D 经费大多投入高校和科研院所，这些单位的 R&D 活动侧重于基础研究和应用研究，表 6-10 为 2000～2013 年我国各省区市基础研究在 R&D 经费中所占比例的数据。

由表 6-10 可见，北京、海南、甘肃和西藏都属于基础研究占 R&D 经费比例较高的。相对于应用研究和试验发展来说，基础研究本身不能直接转化为现实生产力，可能对经济增长的促进作用较小，但是它可以产生基础技术，也就是 R&D 成果有可能是公共技术，这些公共技术有利于促进应用研究和试验发展的进步，从而对我国经济增长产生间接的促进作用，这也就是政府 R&D 投入在 R&D

表 6-10 2000～2013 年我国各省区市基础研究在 R&D 经费中所占比例

省区市	2000 年	2001 年	2002 年	2003 年	2004 年	2005 年	2006 年	2007 年	2008 年	2009 年	2010 年	2011 年	2012 年	2013 年	平均值
北京	5.32%	5.61%	5.72%	5.98%	6.31%	6.17%	5.23%	9.03%	9.17%	10.54%	11.63%	11.59%	11.83%	11.58%	8.26%
天津	1.07%	1.55%	1.52%	1.42%	1.62%	2.27%	2.24%	4.37%	4.70%	4.09%	4.10%	4.37%	3.94%	4.21%	2.96%
河北	2.34%	1.32%	0.89%	1.26%	3.33%	2.05%	2.51%	4.15%	4.16%	2.95%	3.40%	3.15%	2.65%	2.81%	2.64%
山西	0.90%	1.33%	1.37%	1.19%	1.41%	1.66%	1.44%	4.12%	4.73%	2.84%	2.54%	2.42%	3.20%	3.90%	2.36%
内蒙古	1.54%	1.00%	1.57%	1.89%	1.25%	1.29%	1.20%	2.06%	1.93%	3.91%	1.76%	1.91%	2.42%	3.07%	1.91%
辽宁	1.46%	1.60%	1.01%	1.41%	1.53%	1.50%	1.82%	3.31%	2.75%	2.69%	2.54%	3.20%	3.78%	3.53%	2.29%
吉林	2.55%	3.70%	3.03%	3.08%	3.42%	2.63%	3.05%	7.23%	8.43%	9.91%	8.14%	10.02%	10.97%	9.80%	6.14%
黑龙江	0.96%	2.01%	1.92%	1.50%	2.21%	4.31%	6.80%	11.82%	13.13%	10.46%	7.79%	9.71%	11.81%	9.63%	6.72%
上海	2.24%	2.58%	3.40%	2.78%	2.45%	2.45%	3.35%	5.03%	8.42%	6.80%	6.45%	6.32%	7.24%	7.06%	4.76%
江苏	0.90%	1.34%	1.43%	1.56%	1.37%	1.50%	1.23%	2.63%	2.37%	2.56%	2.62%	2.20%	2.58%	2.94%	1.95%
浙江	0.89%	1.05%	0.82%	1.04%	1.08%	0.93%	0.83%	1.61%	1.88%	1.69%	2.29%	2.28%	2.42%	2.32%	1.51%
安徽	6.10%	8.85%	7.37%	7.04%	4.98%	3.66%	4.28%	7.21%	5.75%	7.38%	7.47%	8.25%	6.50%	6.28%	6.51%
福建	1.80%	1.50%	2.03%	1.09%	1.15%	1.12%	1.10%	2.28%	2.14%	2.42%	2.45%	1.84%	1.79%	2.01%	1.76%
江西	0.57%	0.29%	1.00%	1.52%	0.98%	1.27%	1.97%	2.73%	3.31%	2.80%	2.80%	2.76%	2.58%	2.83%	1.96%
山东	0.66%	0.72%	0.87%	1.16%	0.81%	0.83%	0.95%	1.67%	1.59%	2.02%	1.98%	2.23%	2.20%	2.25%	1.42%
河南	0.53%	0.93%	0.70%	0.54%	0.52%	0.90%	0.79%	1.56%	1.12%	1.43%	1.47%	1.73%	2.43%	2.30%	1.21%
湖北	1.71%	2.03%	2.96%	2.68%	2.53%	2.43%	2.46%	4.62%	4.02%	4.18%	3.88%	4.31%	5.30%	4.91%	3.43%

续表

省区市	2000 年	2001 年	2002 年	2003 年	2004 年	2005 年	2006 年	2007 年	2008 年	2009 年	2010 年	2011 年	2012 年	2013 年	平均值
湖南	1.76%	1.34%	1.67%	3.28%	2.63%	2.48%	2.18%	5.23%	4.56%	5.04%	3.70%	3.41%	3.23%	3.35%	3.13%
广东	0.83%	0.72%	0.80%	0.79%	0.98%	1.19%	1.24%	1.59%	1.89%	2.00%	2.07%	3.00%	2.63%	2.34%	1.58%
广西	1.80%	1.08%	0.97%	1.14%	1.57%	1.17%	2.31%	6.14%	5.13%	5.59%	5.73%	5.69%	6.37%	5.09%	3.55%
海南	1.05%	4.37%	7.72%	8.40%	6.64%	4.23%	6.45%	26.37%	19.46%	18.03%	15.21%	19.65%	17.52%	9.88%	11.78%
重庆	0.46%	1.40%	1.09%	2.14%	2.76%	1.78%	1.22%	4.40%	5.69%	5.47%	6.48%	6.97%	5.48%	3.94%	3.52%
四川	2.54%	2.60%	4.44%	3.76%	3.59%	1.94%	2.53%	5.94%	6.17%	6.09%	5.84%	7.04%	7.14%	6.95%	4.75%
贵州	1.69%	3.38%	2.99%	3.73%	3.41%	3.70%	2.20%	6.09%	6.69%	9.37%	7.28%	8.05%	9.18%	11.42%	5.66%
云南	2.42%	3.10%	3.26%	3.66%	3.56%	3.20%	3.06%	8.36%	10.40%	12.36%	12.50%	11.83%	11.94%	10.29%	7.14%
西藏	3.86%	0.77%	5.81%	6.05%	2.77%	2.77%	8.87%	17.86%	11.05%	11.36%	13.54%	16.41%	15.68%	10.51%	9.09%
陕西	1.44%	1.45%	1.87%	1.49%	2.37%	1.73%	3.92%	4.87%	3.61%	5.14%	4.66%	5.21%	5.15%	4.91%	3.42%
甘肃	7.19%	5.51%	8.32%	8.31%	8.86%	8.38%	6.08%	11.61%	14.60%	16.10%	13.47%	14.10%	13.72%	13.41%	10.69%
青海	0.85%	0.70%	0.92%	2.02%	2.50%	2.76%	2.67%	9.54%	10.32%	9.48%	9.85%	8.86%	9.99%	11.62%	5.86%
宁夏	0.54%	0.57%	1.68%	0.82%	0.68%	0.78%	0.85%	3.06%	3.35%	9.23%	8.57%	9.02%	6.71%	8.54%	3.89%
新疆	0.87%	1.68%	1.48%	2.09%	1.36%	1.73%	1.79%	7.43%	5.43%	4.80%	5.37%	6.33%	8.00%	6.65%	3.93%

资料来源：根据历年《中国科技统计年鉴》整理计算得到

活动中所发挥的特殊作用。因此，在大多数省区市要加大政府 R&D 投入，但与此同时还要控制好政府 R&D 经费投入的比例，以免对企业 R&D 投入产生挤出效应。在这个过程中，如何更好地利用政府 R&D 经费，发挥其调节市场失灵和引导企业 R&D 活动的作用，更好地发挥其对整个社会的溢出效应，为促进整个社会的技术进步发挥更大的作用还是一个需要进一步研究的问题。

（4）外国直接投资。实证结果表明当外国直接投资小于等于 23.393 亿美元时，R&D 投入对经济增长的弹性为 0.043；当其为 23.393 亿~151.2 亿美元时，R&D 投入对经济增长的弹性为 0.078；当其为 151.2 亿~1451.065 亿美元时，R&D 投入对经济增长的弹性为 0.106；当其大于 1451.065 亿美元时，R&D 投入对经济增长的弹性为 0.125。可见，随着外国直接投资的增大，R&D 投入对经济增长的作用在不断增强。根据 2000~2013 年各省区市位于不同外国直接投资门槛的情况进行分类，如表 6-11 所示。

表 6-11　2000~2013 年处于不同外国直接投资门槛的省区市变化表

年份	外国直接投资≤23.393 亿美元	23.393 亿美元<外国直接投资≤151.2 亿美元	151.2 亿美元<外国直接投资≤1451.065 亿美元	外国直接投资>1451.065 亿美元
2000	山西、内蒙古、江西、贵州、云南、西藏、甘肃、青海、宁夏、新疆（10）	天津、河北、吉林、黑龙江、安徽、河南、湖北、湖南、广西、海南、重庆、四川、陕西（13）	北京、辽宁、上海、江苏、浙江、福建、山东、广东（8）	
2001	山西、内蒙古、贵州、云南、西藏、甘肃、青海、宁夏、新疆（9）	河北、吉林、黑龙江、安徽、江西、河南、湖北、湖南、广西、海南、重庆、四川、陕西（13）	北京、天津、辽宁、上海、江苏、浙江、福建、山东、广东（9）	
2002	山西、内蒙古、贵州、云南、西藏、甘肃、青海、宁夏、新疆（9）	河北、吉林、黑龙江、安徽、江西、河南、湖北、湖南、广西、海南、重庆、四川、陕西（13）	北京、天津、辽宁、上海、江苏、浙江、福建、山东、广东（9）	
2003	山西、内蒙古、吉林、贵州、云南、西藏、甘肃、青海、宁夏、新疆（10）	河北、黑龙江、安徽、河南、湖南、广西、海南、重庆、四川、陕西（10）	北京、天津、辽宁、上海、江苏、浙江、福建、江西、山东、湖北、广东（11）	
2004	贵州、云南、西藏、甘肃、青海、宁夏、新疆（7）	山西、内蒙古、吉林、黑龙江、安徽、河南、湖南、广西、海南、重庆、四川、陕西（12）	北京、天津、河北、辽宁、上海、江苏、浙江、福建、江西、山东、湖北、广东（12）	
2005	贵州、云南、西藏、甘肃、宁夏、新疆（6）	山西、内蒙古、吉林、黑龙江、安徽、河南、广西、海南、重庆、四川、陕西、青海（12）	北京、天津、河北、辽宁、上海、江苏、浙江、福建、江西、山东、湖北、湖南、广东（13）	

续表

年份	外国直接投资≤23.393 亿美元	23.393 亿美元<外国直接投资≤151.2 亿美元	151.2 亿美元<外国直接投资≤1451.065 亿美元	外国直接投资>1451.065 亿美元
2006	贵州、西藏、甘肃、宁夏、新疆（5）	山西、吉林、安徽、广西、海南、重庆、四川、云南、陕西、青海（10）	北京、天津、河北、内蒙古、辽宁、黑龙江、上海、浙江、福建、江西、山东、河南、湖北、湖南、广东（15）	江苏（1）
2007	贵州、西藏、甘肃、宁夏、新疆（5）	山西、吉林、广西、海南、重庆、四川、云南、陕西、青海（9）	北京、天津、河北、内蒙古、辽宁、黑龙江、上海、浙江、安徽、福建、江西、山东、河南、湖北、湖南（15）	江苏、广东（2）
2008	贵州、西藏、甘肃、青海、宁夏、新疆（6）	山西、吉林、广西、海南、云南、陕西（6）	北京、天津、河北、内蒙古、辽宁、黑龙江、上海、浙江、安徽、福建、江西、山东、河南、湖北、湖南、重庆、四川（17）	江苏、广东（2）
2009	贵州、西藏、甘肃、青海、宁夏、新疆（6）	山西、吉林、广西、海南、云南、陕西（6）	北京、天津、河北、内蒙古、黑龙江、上海、浙江、安徽、福建、江西、山东、河南、湖北、湖南、重庆、四川（16）	辽宁、江苏、广东（3）
2010	西藏、甘肃、青海、宁夏（4）	山西、吉林、广西、海南、贵州、云南、新疆（7）	北京、天津、河北、内蒙古、黑龙江、上海、浙江、安徽、福建、江西、山东、河南、湖北、湖南、重庆、四川、陕西（17）	辽宁、江苏、广东（3）
2011	西藏、甘肃、青海、宁夏（4）	吉林、广西、贵州、新疆（4）	北京、天津、河北、山西、内蒙古、黑龙江、上海、浙江、安徽、福建、江西、山东、河南、湖北、湖南、海南、重庆、四川、云南、陕西（20）	辽宁、江苏、广东（3）
2012	甘肃、青海、宁夏（3）	广西、贵州、西藏、新疆（4）	北京、河北、山西、内蒙古、吉林、黑龙江、浙江、安徽、福建、江西、山东、河南、湖北、湖南、海南、重庆、四川、云南、陕西（19）	天津、辽宁、上海、江苏、广东（5）
2013	西藏、甘肃、青海、宁夏（4）	广西、贵州、新疆（3）	北京、河北、山西、内蒙古、吉林、黑龙江、浙江、安徽、福建、江西、山东、河南、湖北、湖南、海南、重庆、四川、云南、陕西（19）	天津、辽宁、上海、江苏、广东（5）

从表 6-11 可见，随着改革开放的深入，外国直接投资从我国沿海地区，如辽宁、上海、江苏、广东等，自东到西逐渐深入，因此，外国直接投资对 R&D 投入与经济增长关系的影响也是自东到西逐渐减小的。外国直接投资在带来资金的同时，也促进了我国 R&D 活动的进步，从而推动了我国 R&D 投入对经济增长的

作用发挥。特别是东部沿海地区长期以来一直处于外国直接投资高投入区域，由于这些地区同时拥有较好的人力资本和技术优势，很多国外企业将其 R&D 中心建在这些地区，对当地 R&D 活动产生了积极的外部冲击，促进了国内企业加大科技 R&D 力度，形成了良性循环；相对于中西部，特别是西部地区来说，由于其在各方面的条件相较东部沿海地区存在很大的差距，其对外国直接投资溢出效应的吸收能力较弱。总体上来看，外国直接投资有助于促进 R&D 投入对经济增长作用的发挥。

（5）产业结构。门槛检验表明以第二产业占 GDP 比例作为门槛变量不存在门槛效应，但是以第三产业占 GDP 比例作为门槛变量，第三产业占 GDP 比例小于等于 0.427 时，R&D 投入对经济增长的弹性为 0.079，当其越过 0.427 的门槛后，R&D 投入对经济增长的弹性上升到 0.101。可见，随着第三产业占 GDP 比例的增大，R&D 投入对经济增长的弹性在增大。要促进 R&D 投入对经济增长作用的发挥，进行产业结构调整是必要的措施。2000～2013 年我国各省区市第三产业占 GDP 比例变化不大，该比例大于 0.427 的主要有北京、天津、上海、广东、海南和西藏，近几年江苏、浙江、贵州也逐渐进入这一区间。进入工业化后期的发达国家，第三产业成为国民经济的主导产业（莫燕和刘朝马，2003）。提高第三产业在国民经济中所占比例在大多数省区市还有很大的提升空间，我国目前所进行的城镇化等政策也是实现这一目的的一种重要手段。但是，罗斯托（1962）指出产业结构演进是一个经济增长对技术创新的吸收以及主导产业经济部门依次更替的过程，同时工业作为国民经济的基础具有不可替代的作用，各地区在进行产业结构调整时要根据自身的具体情况发展优势产业，实现产业结构的调整和优化，既不可"一窝蜂"地发展某个产业，形成产能过剩，也不可以为了发展某个产业而进行"拔苗助长"。

第五节　结论及政策建议

本章使用 Hansen（1999）面板门槛回归模型，从 R&D 强度、外国直接投资、人力资本、政府 R&D 投入所占比例和产业结构五个方面对我国 31 个省区市 2000～2013 年 R&D 资本投入与经济增长的关系进行了研究。研究结果表明，从总体上看，R&D 强度增大将促进 R&D 投入增加对经济增长的影响，但是从具体情况来看，R&D 强度越大，R&D 投入增加对经济增长的弹性越小，即 R&D 规模扩大抑制了 R&D 投入对经济增长作用的发挥；从总体上来看，政府 R&D 投入增加能够促进 R&D 投入增加对经济增长作用的发挥，但是具体来看，政府 R&D 投入所占比例越高，R&D 投入增加对经济增长的弹性越小；从总体上来看，外国直接投资增长可以促进 R&D 投入增加对经济增长作用的发挥，从具体细节来看，外国直接投资越大，R&D投入增加对经济增长的弹性也越大；人力资本的增长可以促进R&D投入增加对经济增长作用的发挥；第三产业在GDP中比例的增大也可以促进R&D投入增加对经济增长作用的发挥。

　　根据上述研究结果的门槛值，本书分别依据R&D强度、人力资本、外国直接投资、政府R&D投入所占比例和第三产业占GDP的比例五个指标对我国31个省区市进行了分类。从分类结果可以看出按照这五个指标的分类结果有很大的重叠。例如，位于R&D高投入区域的北京、天津、上海、江苏、浙江、广东、山东等，其人力资本较高，吸引的外国直接投资也较多，而R&D低投入区域的西部地区，其人力资本较低，吸引的外国直接投资也较少；中部地区在各个指标上基本处于中等水平。产生这样的现象是与我国这些省区市的历史文化和相应的地理位置有着直接关系的，这些不是一时半刻可以改变的。因此，各省区市要依据自己的特点制定符合自身发展的战略目标，因地制宜，同时全国一盘棋，国家在相关政策的制定上也要有全局性考虑。

　　库兹涅茨（1999）指出发达资本主义国家的高增长率主要不是由劳动投入与资本投入的增长决定的，而是由劳动生产率的大幅度增长决定的，这说明促进经济增长的主要力量来自于技术进步。谢兰云（2013）的研究结果表明一个省（自治区、直辖市）的R&D投入不仅会促进本省（自治区、直辖市）的经济增长，而且可以通过空间溢出效应间接地促进相邻省区市的经济增长。因此，对于在R&D强度、人力资本和外国直接投资等方面都拥有绝对优势的省区市，如北京、天津、上海、江苏、浙江、广东和山东等经济发达地区可以更好地利用自己的优势，加大科技投入力度，成为自己所在区域的"发展极"，不仅促进自己的发展，同时可以发挥辐射作用，根据产业集聚作用形成产业链，带动相邻省区市的共同发展，从而为我国长三角、珠三角和环渤海经济区等区域性经济发展圈的再发展提供动力。对于中部地区，其各项指标都比经济发达省区市低一些，但有些差距也并不是很大，而且在有些方面这些省区市也在积极追赶的过程中，因此，这些地区可以根据自己的特色，充分利用自己的优势，加大科技投入力度，提高人力资本水平，充分吸收相邻"发展极"省区市的各种溢出效应，成为我国经济发展的第二梯队，在这方面安徽做得比较好，近几年安徽在各方面的进步就较快，其高新产业发展较快；重庆作为我国唯一位于西南经济不发达地区的直辖市，近几年它的发展也比较快，特别是其高新产业的发展，目前它正逐渐成为西南地区的经济"发展极"，在国家"一带一路"倡议中，重庆的区位优势得到进一步发挥，今后它可以承担起西南地区经济领跑的作用。西藏和海南这两个省区在各个方面的指标都较低，但是它们具有其独特的环境资源优势，使得这两个省区的旅游业发展较快，第三产业在国民经济中的比例较高，因此，类似这样的省区市可以在发展主导产业方面加大R&D投入，特别是要激发企业进行R&D活动的积极性，促进主导产业的快速发展。对于东北三省，从 R&D 强度、人力资本、外国直接投资等各个方面来看，它们都具有发展的优势，而且其周围有北京、天津等"发展极"，但是这些年，特别是近几年其发展几乎停滞，甚至出现了倒退的现象，这可能不是简单地从 R&D 投入产出的角度可以解决的问题。作为老工业基地，东北具有雄厚的经济基础，如何充分地利用这些优势进行二次创业，技术创新也许是它必须选择的道路。但是，在这条道路上，改变传统观念，进行制度创新是保证技术创新得以实施的必要条件。

对于我国 R&D 强度较高的省区市来说，相对于关注 R&D 投入的规模，关注 R&D 投入的效率和产出质量显得更加重要；西部经济不发达地区基本上位于 R&D 投入较低区域，由于 R&D 投入的不足，较少的 R&D 投入对经济的促进作用却是最大的，R&D 投入对经济增长的边际效益在这一区间正处于上升阶段，这些地区在当前阶段更应该加大对科技 R&D 经费的投入；对于处于 R&D 中等投入区域的省区市一方面要加大 R&D 投入，另一方面要关注 R&D 经费的使用情况，只有保证 R&D 投入在结构、效率等方面都是合理的，才有可能不重蹈 R&D 高投入区域的覆辙。总体来看，各地区还是要根据自己的具体情况制定相应的创新策略。

第七章 区域 R&D 强度与产业结构的灰色关联分析

第一节 问题的提出

创新理论认为一个地区创新能力在很大程度上取决于其 R&D 活动能力。要提高 R&D 活动能力，各地区必须提高 R&D 投入力度。但是由于地区间存在巨大的差异，"一刀切"地提高 R&D 投入力度并不一定能够取得预期的效果。在我国，如果将提高 R&D 强度作为考核政府政绩和各省市区创新能力的硬性指标，那么各省市区 R&D 强度都有可能得到迅速的提高，但是问题的关键是地区的 R&D 强度提高了，该地区的创新能力就能够得到相应的提高，经济就能得到发展吗？答案当然是否定的。我国区域经济之间存在巨大的差异，例如，2000~2010 年我国人均 GDP 最高的是上海，其 2010 年人均 GDP 为 76 074 元，2011~2013 年人均 GDP 最高的是天津，其 2013 年人均 GDP 为 99 607 元，而人均 GDP 最低的贵州，其 2013 年的人均 GDP 仅为 22 922 元。14 年来，贵州与人均 GDP 最高省（自治区、直辖市）的差距在大幅缩小，如 2010 年上海人均 GDP 是贵州的 10 倍多，2013 年贵州与天津的差距已经缩小到 4 倍多。这一方面说明我国落后地区在积极发展经济，取得了一定的成绩，另一方面充分说明我国地区间经济不均衡是客观存在的事实，必须面对问题，解决问题。虽然从相对数来看，我国人均 GDP 最高和最低省（自治区、直辖市）的差距在缩小，但是从绝对数上看，随着经济的不断发展，这种不均衡有逐步扩大的趋势，如图 7-1 所示。

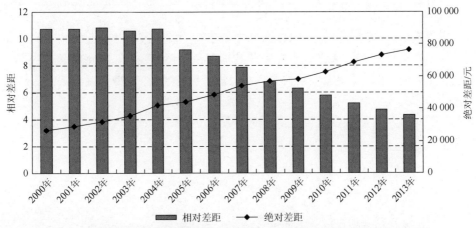

图 7-1 2000~2013 年我国各省市区人均 GDP 相对差距和绝对差距变化图

地区间经济实力的巨大差异直接导致了区域 R&D 投入的差异，R&D 投入的差异又影响了这些地区科技创新能力的差异，科技创新能力的差异反过来又拉大了区域间的经济差异，这样就形成了一个连锁反应链，其结果就在区域间形成一种马太效应，区域间的各种差异都在逐渐加大。我国地域广阔，各省区市社会文化、风俗习惯、经济发展和行政管理手段等都具有很强的地域特点，各区域的经济环境和制度环境也存在巨大的差异。如果单纯强调加大 R&D 投入力度，而不对各区域的实际经济情况进行具体分析，就必然不能取得理想的效果，而且这种做法也是不科学的，是片面的和不负责任的。

不同产业的创新投入力度是不同的，Cohen 等（1987）研究发现产业间 R&D 强度差别的大约 50%可以用标准的产业特征来解释，一般认为第二、第三产业 R&D 强度显著高于第一产业，第三产业中的教育、科学研究和综合技术服务业的 R&D 强度高于制造业（周彩霞，2006）。由于地理位置、历史等各方面的因素，我国各省区市的产业结构存在很大的差异，表 7-1 为 2000 年、2007 年和 2013 年及 2000~2013 年各产业在当年 GDP 中所占比例及 R&D 强度排名前五的省区市。

表 7-1　各产业在当年 GDP 中所占比例及 R&D 强度排名前五的省区市列表

	2000 年	2007 年	2013 年	2000~2013 年
第一产业	山东、河南、江苏、广东、四川	山东、河南、四川、江苏、河北	山东、河南、江苏、河北、四川	山东、河南、江苏、四川、河北
第二产业	广东、江苏、山东、浙江、河北	广东、山东、江苏、浙江、河南	广东、江苏、山东、浙江、河南	广东、江苏、山东、浙江、河南
第三产业	广东、江苏、山东、上海、浙江	广东、江苏、山东、浙江、北京	广东、江苏、山东、浙江、北京	广东、江苏、山东、浙江、上海
R&D 强度	北京、陕西、上海、天津、四川	北京、上海、天津、陕西、江苏	北京、上海、天津、江苏、广东	北京、上海、陕西、天津、江苏

从表 7-1 中几乎无法看出 R&D 强度排名较高的省区市与其产业结构之间的关系，但一些研究表明，R&D 强度与产业结构存在密切的联系，因此本章就从各区域产业结构与 R&D 强度之间的关系入手，分析各省区市 R&D 强度与其产业结构之间的关联程度，由于高新产业是进行 R&D 活动较活跃的产业，为了体现这一特点，在此加入 R&D 强度与高新产业的关联度研究，以期对这一问题进行详细的研究。

第二节　理　论　综　述

以克鲁格曼为首的新经济地理学家将所有形成区域差异的原因归结为"历史"

和"偶然"，而空间经济的正反馈机制则可能锁定（lock in）这种偶然事件进而形成累积性优势，产生空间聚集（郝寿义，2007）。我国地区之间由于文化、风俗、地理、历史、教育等各种"历史"和"偶然"的因素已经形成明显的地区差异，必须正确地面对这种差异，要立足于已有的差异来制定相应的政策，单纯地依赖提高 R&D 强度来改变某些地区现有的产业构成，从而改变其已有的经济现状是不科学的，也是一种本末倒置的做法。

　　发展经济学的代表人物库兹涅茨在一系列关于经济增长的著作中提出，经济增长因素主要是知识存量的增加、劳动生产力的提高和产业结构方面的变化（毛健，2009）。纵观世界各国经济增长的过程，可以发现产业结构的变动趋势是符合配第-克拉克法则（Petty-Clark law）的。该法则预示，随着人均收入持续增长，经济活动的重心先从第一产业转移到第二产业，进而转移到第三产业。这种转移是随着经济增长初期工业品需求的快速增长，以及紧随其后的服务需求加速增长而工业品消费处于相对饱和状态，通过部门间资源配置的市场调节完成的（Clark，1940；Kuznets and Murphy，1966；Syrquin and Chenery，1989；速水佑次郎和神门善久，2009）。因此，在经济增长的过程中，必然伴随着产业结构的变动，同时伴随着知识存量的增加和劳动生产力的提高。这三方面因素的变化，在整个经济增长的过程中是相辅相成的，单纯强调某一种因素的做法都是错误的。对于产业结构已经进入资本密集型或者知识密集型的地区，其本身的经济比较发达，对新产品的需求较大，存在较大的市场需求空间，同时其知识存量和人力资源储备比较高，能够更好地吸收和利用各种 R&D 活动成果。相对于其他地区来说，这些地区的产出效率较高，经济发展速度更快，对新产品的市场需求空间进一步扩大，同时较多的 R&D 活动也使这些地区的知识积累和人力资本更加丰富，有利于更高层次 R&D 活动的进行。在经济发展过程中，这些变化又有可能进一步刺激更大的 R&D 投入力度，最终使这些地区 R&D 投入体系与经济增长形成一种良性循环。对于经济欠发达地区来说，其产业结构一般比较传统，第一产业所占比例较大，第二、第三产业所占比例较小。创新理论认为，第一产业对科技 R&D 的需求不大，也就是 R&D 活动发挥作用的空间较小。由于经济欠发达，人们对新产品的市场需求空间也较小，同时缺乏与进行科技 R&D 相适应的资金、知识积累和 R&D 人员，对于引进先进技术进行消化吸收的能力较弱，其进行自主研发的能力就更弱。对于这类地区，从 R&D 活动的角度来看，既缺乏科技创新的需求，又缺乏科技创新的供给，其 R&D 强度低，产出效果不显著就成为必然，而这也可能直接形成该地区在 R&D 投入上的恶性循环。对我国经济发达和欠发达地区情况的分析说明，各个地区 R&D 投入的差异在一定程度上是这些地区经济发展水平和产业结构差异的体现，不同的产业结构决定了不同的 R&D 强度。本书利用灰色系统理论中的灰色关联模型对这一问题进行实证研究。

第三节　灰色系统理论[①]

一、灰色系统理论概述

灰色系统理论是 1982 年邓聚龙创立的。该理论以"部分信息已知，部分信息未知"的"小样本"、"贫信息"、不确定性系统为研究对象，主要通过对"部分"已知信息的生成、开发，提取有价值的信息，实现对系统运行行为、演化规律的正确描述和有效监控。该理论将一般系统论、信息论与控制论的方法借鉴到社会、经济、生态等抽象系统中，结合数学工具解决相关问题。该方法适用于研究机制复杂、层次较多、难以建立精确模型进行定量测度的系统。由于该理论使用的数学方法是非统计方法，在系统数据较少或条件不满足统计要求的情况下，该方法更具实用性。

利用灰色系统理论进行分析时，对样本量和样本有无规律都没有要求，可以弥补采用数理统计方法作系统分析所导致的缺憾。在进行我国各地区 R&D 强度与产业结构相关性问题研究时，涉及很多方面，机制较复杂，相关数据较少，因此，本书选择灰色关联分析方法对这一问题进行研究。灰色关联分析的基本思想是根据序列曲线几何相关的相似程度来判断其联系是否紧密。曲线越接近，相应序列之间关联度就越大，反之就越小。

二、灰色关联分析的建模方法

在进行灰色关联分析时，首先要选出行为序列。设 X_i 为系统因素，k 为时间序号，$x_i(k)$ 为因素 X_i 在 k 时刻的观测数据，则称 $X_i = (x_i(1), x_i(2), \cdots, x_i(n))$ 为因素 X_i 的行为时间序列；若 k 为指标序号，$x_i(k)$ 为因素 X_i 关于第 k 个指标的观测数据，则称 $X_i = (x_i(1), x_i(2), \cdots, x_i(n))$ 为因素 X_i 的行为指标序列；若 k 为观测对象序号，$x_i(k)$ 为因素 X_i 关于第 k 个对象的观测数据，则称 $X_i = (x_i(1), x_i(2), \cdots, x_i(n))$ 为因素 X_i 的行为横向序列。

建立灰色关联模型的基本步骤如下。

（1）确定系统特征序列和相关因素序列。其中系统特征序列记为

$$X_0 = (x_0(1), x_0(2), \cdots, x_0(n))$$

---

① 刘思峰，党耀国，方志耕. 灰色系统理论及其应用[M]. 北京：科学出版社，2004：50-95.

相关因素序列记为

$$X_1 = (x_1(1), x_1(2), \cdots, x_1(n))$$
$$\vdots$$
$$X_i = (x_i(1), x_i(2), \cdots, x_i(n))$$
$$\vdots$$
$$X_m = (x_m(1), x_m(2), \cdots, x_m(n))$$

（2）初值化各原始序列。初值化原始序列的过程，是采用初值化算子、均值化算子或者区间值化算子，使系统行为序列无量纲化，且在数量上归一。一般采用初值像，如式（7-1）所示：

$$X_i' = \frac{X_i}{x_i(1)} = (x_i'(1), x_i'(2), \cdots, x_i'(n)), \quad i = 0, 1, 2, \cdots, m \tag{7-1}$$

（3）求差序列。该步骤是计算相关序列与特征序列之间的距离，其计算公式为

$$\Delta_i(k) = \left| x_0'(k) - x_i'(k) \right| \tag{7-2}$$

$$\Delta_i = (\Delta_i(1), \Delta_i(2), \cdots, \Delta_i(n)), \quad i = 1, 2, \cdots, m$$

（4）求两极最大差与最小差，分别记为 M 和 m，如式（7-3）和式（7-4）所示：

$$M = \max_i \max_k \Delta_i(k) \tag{7-3}$$

$$m = \min_i \min_k \Delta_i(k) \tag{7-4}$$

式中，$i = 1, 2, \cdots, m$；$k = 1, 2, \cdots, n$。

（5）求关联系数，公式如式（7-5）所示：

$$\gamma_{0i}(x_0(k), x_i(k)) = \frac{m + \xi M}{\Delta_i(k) + \xi M}, \quad \xi \in (0,1) \tag{7-5}$$

式中，ξ 为分辨系数，其值一般取 0.5。

（6）计算 X_0 与 X_i 的灰色关联度，其公式为

$$\gamma_{0i} = \frac{1}{n} \sum_{k=1}^{n} \gamma_{0i}(k), \quad i = 1, 2, \cdots, m \tag{7-6}$$

第四节　区域 R&D 强度与产业结构关系的实证研究

在研究区域 R&D 强度与产业结构关系时，本书以 2000～2013 年我国 31 个省区市相关数据为样本，建立灰色关联模型，按照灰色关联度的计算方法和步骤进行计算与分析。考虑到在这 14 年中我国的经济发展经历了许多变革，特别是 2008 年金融危机爆发以来，我国出台了 4 万亿元的经济刺激政策，这都有可能导致各省区市的产业结构发生改变，为了体现这一政策带来的变化，并对我国各省区市 R&D

强度与产业结构的动态变化进行捕捉，本书还对 2000～2007 年、2008～2013 年各个阶段两者的关联度进行计算。具体的计算步骤如下。

（1）选取特征序列和相关因素序列。由于要研究各省区市三大产业份额与 R&D 强度的关系，在此选取各省区市的 R&D 强度序列为特征序列，记为 X_0。根据数据的可得性，本书以各省区市第一、第二、第三产业产值占 GDP 的比例代表产业结构，作为相关因素序列，分别记为 X_1、X_2 和 X_3。考虑到大多数研究结果表明，高新产业比非高新产业对 R&D 活动具有更高的产出弹性（吴延兵，2006；安同良等，2006），以及为了考察在区域经济中是否存在高新产业比例越大，其 R&D 强度也越大的现象，本书选取各省区市规模以上工业企业主营业收入中高新产业比例作为第四组相关因素序列，记为 X_4。

下面以北京为例，对其计算过程进行详细的描述。

北京各相关序列分别为

X_0=(4.93, 4.61, 5.07, 5.1, 5.24, 5.55, 5.5, 5.4, 5.25, 5.50, 5.82, 5.76, 5.95, 6.08)

X_1=(0.04, 0.03, 0.02, 0.02, 0.02, 0.01, 0.01, 0.01, 0.01, 0.01, 0.01, 0.01, 0.01, 0.01)

X_2=(0.38, 0.28, 0.26, 0.26, 0.27, 0.29, 0.28, 0.27, 0.26, 0.23, 0.24, 0.23, 0.23, 0.22)

X_3=(0.58, 0.46, 0.46, 0.45, 0.42, 0.69, 0.71, 0.72, 0.73, 0.76, 0.75, 0.76, 0.76, 0.77)

X_4=(0.38, 0.41, 0.35, 0.32, 0.31, 0.3, 0.32, 0.32, 0.28, 0.25, 0.23, 0.21, 0.21, 0.21)

（2）求各序列的初值像。由式（7-1）计算得到的各序列的初值像分别为

X_0'=(1, 0.94, 1.03, 1.04, 1.06, 1.13, 1.12, 1.10, 1.07, 1.12, 1.18, 1.17, 1.21, 1.23)

X_1'=(1, 0.69, 0.62, 0.52, 0.47, 0.39, 0.34, 0.30, 0.30, 0.27, 0.24, 0.23, 0.23, 0.23)

X_2'=(1, 0.73, 0.68, 0.69, 0.70, 0.77, 0.73, 0.70, 0.67, 0.62, 0.63, 0.61, 0.60, 0.59)

X_3'=(1, 0.80, 0.79, 0.77, 0.73, 1.19, 1.22, 1.24, 1.26, 1.30, 1.29, 1.30, 1.31, 1.32)

X_4'=(1, 1.07, 0.93, 0.85, 0.81, 0.79, 0.84, 0.85, 0.74, 0.65, 0.59, 0.56, 0.56, 0.54)

（3）求差序列。利用式（7-2）计算得到的差序列为

Δ_1=(0, 0.24, 0.41, 0.51, 0.60, 0.73, 0.77, 0.80, 0.77, 0.85, 0.94, 0.94, 0.98, 1.01)

Δ_2=(0, 0.21, 0.35, 0.35, 0.37, 0.35, 0.39, 0.39, 0.39, 0.50, 0.55, 0.56, 0.61, 0.65)

Δ_3=(0, 0.14, 0.24, 0.27, 0.34, 0.06, 0.10, 0.14, 0.19, 0.18, 0.11, 0.14, 0.10, 0.08)

Δ_4=(0, 0.14, 0.10, 0.18, 0.25, 0.34, 0.28, 0.25, 0.32, 0.46, 0.59, 0.61, 0.65, 0.69)

（4）求两极最大差和最小差。利用式（7-3）和式（7-4）分别计算得到两极差为

$$M=0.50, \quad m=0$$

（5）求关联系数。设分辨系数 ξ=0.5，利用式（7-5）计算得到各序列的关联系数为

$\gamma_{01}(i)$=(1, 0.67, 0.55, 0.50, 0.46, 0.41, 0.39, 0.39, 0.40, 0.37, 0.35, 0.35, 0.34, 0.33)

$\gamma_{02}(i)=(1, 0.7, 0.59, 0.59, 0.58, 0.59, 0.57, 0.56, 0.56, 0.50, 0.48, 0.47, 0.45, 0.44)$

$\gamma_{03}(i)=(1, 0.78, 0.68, 0.65, 0.60, 0.89, 0.83, 0.78, 0.72, 0.74, 0.83, 0.79, 0.83, 0.86)$

$\gamma_{04}(i)=(1, 0.90, 0.65, 0.52, 0.44, 0.40, 0.40, 0.43, 0.43, 0.39, 0.36, 0.37, 0.35, 0.37)$

（6）计算 X_0 与 X_i 的灰色关联度。利用式（7-6）计算得到北京的 R&D 强度序列与其第一、第二、第三产业和高新产业的灰色关联度分别为

$$\gamma_{01}=0.46, \quad \gamma_{02}=0.58, \quad \gamma_{03}=0.78, \quad \gamma_{04}=0.50$$

根据计算得到的各产业间的关联度数据，可以得出这样的结论，即对北京 R&D 强度影响最大的是第三产业，其次是第二产业，然后是高新产业，影响最小的是第一产业。同样的方法可以计算出全国其他省区市 R&D 强度与第一、第二、第三产业及高新产业所占比例之间的灰色关联度，分别如表 7-2～表 7-4 所示。

表 7-2　2000～2013 年全国各省区市 R&D 强度与第一、第二、第三产业及高新产业的灰色关联度

省区市	第一产业（X_1）	第二产业（X_2）	第三产业（X_3）	高新产业（X_4）	结果
北京	0.4647	0.5775	0.7848	0.5003	$X_3>X_2>X_4>X_1$
天津	0.5746	0.7195	0.6770	0.5281	$X_2>X_3>X_1>X_4$
河北	0.6545	0.7400	0.7334	0.5679	$X_2>X_3>X_1>X_4$
山西	0.5427	0.7103	0.6305	0.4831	$X_2>X_3>X_1>X_4$
内蒙古	0.5844	0.7248	0.7066	0.6268	$X_2>X_3>X_4>X_1$
辽宁	0.5209	0.5502	0.5444	0.4845	$X_2>X_3>X_1>X_4$
吉林	0.4658	0.6741	0.6453	0.5588	$X_2>X_3>X_4>X_1$
黑龙江	0.5964	0.5390	0.5769	0.6445	$X_4>X_1>X_3>X_2$
上海	0.5387	0.6377	0.6627	0.5069	$X_3>X_2>X_1>X_4$
江苏	0.5402	0.6193	0.6193	0.5831	$X_3>X_2>X_4>X_1$[①]
浙江	0.5491	0.6017	0.6260	0.5746	$X_3>X_2>X_4>X_1$
安徽	0.6281	0.7425	0.7555	0.6321	$X_3>X_2>X_4>X_1$
福建	0.5916	0.6900	0.6518	0.6131	$X_2>X_3>X_4>X_1$
江西	0.5164	0.6930	0.5433	0.4914	$X_2>X_3>X_1>X_4$
山东	0.5836	0.6618	0.6346	0.7123	$X_4>X_2>X_3>X_1$
河南	0.6316	0.7708	0.7262	0.5227	$X_2>X_3>X_1>X_4$
湖北	0.6319	0.6318	0.7121	0.4818	$X_3>X_1>X_2>X_4$
湖南	0.6079	0.6644	0.6688	0.4822	$X_3>X_2>X_1>X_4$
广东	0.5707	0.7027	0.7330	0.6640	$X_3>X_2>X_4>X_1$
广西	0.6993	0.7825	0.7105	0.5818	$X_2>X_3>X_1>X_4$
海南	0.6477	0.7673	0.6801	0.5750	$X_2>X_3>X_1>X_4$

① X_3 和 X_2 在均保留五位有效数字时，前者是大于后者的

续表

省区市	第一产业（X_1）	第二产业（X_2）	第三产业（X_3）	高新产业（X_4）	结果
重庆	0.5573	0.6675	0.6253	0.6889	$X_4>X_2>X_3>X_1$
四川	0.5356	0.7843	0.7780	0.5988	$X_2>X_3>X_4>X_1$
贵州	0.4829	0.6467	0.7864	0.5050	$X_3>X_2>X_4>X_1$
云南	0.5238	0.5757	0.6241	0.5584	$X_3>X_2>X_4>X_1$
西藏	0.5679	0.7595	0.7244	0.5074	$X_2>X_3>X_1>X_4$
陕西	0.6352	0.5763	0.7757	0.4647	$X_3>X_1>X_2>X_4$
甘肃	0.5084	0.6096	0.6286	0.4242	$X_3>X_2>X_1>X_4$
青海	0.5582	0.7576	0.6260	0.7086	$X_2>X_4>X_3>X_1$
宁夏	0.5457	0.7667	0.7078	0.7492	$X_2>X_4>X_3>X_1$
新疆	0.6889	0.7537	0.7059	0.6100	$X_2>X_3>X_1>X_4$

表 7-3　2000～2007 年全国各省区市 R&D 强度与第一、第二、第三产业及高新产业的灰色关联度

省区市	第一产业（X_1）	第二产业（X_2）	第三产业（X_3）	高新产业（X_4）	结果
北京	0.4976	0.5987	0.7401	0.5003	$X_3>X_2>X_4>X_1$
天津	0.6400	0.7791	0.7200	0.5281	$X_2>X_3>X_1>X_4$
河北	0.7344	0.8107	0.8090	0.5679	$X_2>X_3>X_1>X_4$
山西	0.5887	0.8027	0.6828	0.4831	$X_2>X_3>X_1>X_4$
内蒙古	0.5848	0.7641	0.8070	0.6268	$X_3>X_2>X_4>X_1$
辽宁	0.5561	0.5503	0.5719	0.4845	$X_3>X_1>X_2>X_4$
吉林	0.5009	0.5776	0.6189	0.5588	$X_3>X_2>X_4>X_1$
黑龙江	0.6037	0.5715	0.5865	0.6445	$X_4>X_1>X_3>X_2$
上海	0.5443	0.6562	0.6419	0.5069	$X_2>X_3>X_1>X_4$
江苏	0.5492	0.6454	0.6290	0.5831	$X_2>X_3>X_4>X_1$
浙江	0.5957	0.6572	0.6884	0.5746	$X_3>X_2>X_1>X_4$
安徽	0.5930	0.7301	0.8303	0.6321	$X_3>X_2>X_4>X_1$
福建	0.6101	0.6934	0.6545	0.6131	$X_2>X_3>X_4>X_1$
江西	0.6125	0.7668	0.6271	0.4914	$X_2>X_3>X_1>X_4$
山东	0.5746	0.6848	0.6366	0.7123	$X_4>X_2>X_3>X_1$
河南	0.6651	0.8321	0.8199	0.5227	$X_2>X_3>X_1>X_4$
湖北	0.6163	0.6243	0.7433	0.4818	$X_3>X_2>X_1>X_4$
湖南	0.6372	0.6735	0.7253	0.4822	$X_3>X_2>X_1>X_4$
广东	0.5097	0.6941	0.7220	0.6640	$X_3>X_2>X_4>X_1$
广西	0.6751	0.5972	0.5420	0.5818	$X_1>X_2>X_4>X_3$

省区市	第一产业（X_1）	第二产业（X_2）	第三产业（X_3）	高新产业（X_4）	结果
海南	0.6618	0.8139	0.6778	0.5750	$X_2>X_3>X_1>X_4$
重庆	0.6297	0.7030	0.6907	0.6889	$X_2>X_3>X_4>X_1$
四川	0.5447	0.6759	0.8479	0.5988	$X_3>X_2>X_4>X_1$
贵州	0.5405	0.7009	0.7428	0.5050	$X_3>X_2>X_1>X_4$
云南	0.5965	0.6407	0.6815	0.5584	$X_3>X_2>X_1>X_4$
西藏	0.6512	0.7303	0.7327	0.5074	$X_3>X_2>X_1>X_4$
陕西	0.6022	0.6937	0.8205	0.4647	$X_3>X_2>X_1>X_4$
甘肃	0.5533	0.6327	0.6353	0.4242	$X_3>X_2>X_1>X_4$
青海	0.5049	0.6535	0.5848	0.7086	$X_4>X_2>X_3>X_1$
宁夏	0.6572	0.8299	0.7419	0.7492	$X_2>X_4>X_3>X_1$
新疆	0.6287	0.7606	0.6110	0.6100	$X_2>X_1>X_3>X_4$

表 7-4　2008～2013 年全国各省区市 R&D 强度与第一、第二、第三产业及高新产业的灰色关联度

省区市	第一产业（X_1）	第二产业（X_2）	第三产业（X_3）	高新产业（X_4）	结果
北京	0.5279	0.5969	0.8002	0.5071	$X_3>X_2>X_1>X_4$
天津	0.5829	0.6482	0.7245	0.7252	$X_4>X_3>X_2>X_1$
河北	0.5894	0.5743	0.6567	0.7276	$X_4>X_3>X_1>X_2$
山西	0.7904	0.7079	0.8858	0.7473	$X_3>X_1>X_4>X_2$
内蒙古	0.5109	0.5976	0.6704	0.5457	$X_3>X_2>X_4>X_1$
辽宁	0.5062	0.5478	0.8112	0.6237	$X_3>X_4>X_2>X_1$
吉林	0.5323	0.8143	0.6166	0.5917	$X_2>X_3>X_4>X_1$
黑龙江	0.5986	0.5821	0.7075	0.7570	$X_4>X_3>X_1>X_2$
上海	0.5659	0.6007	0.8116	0.6313	$X_3>X_4>X_2>X_1$
江苏	0.5612	0.5983	0.8466	0.7172	$X_3>X_4>X_2>X_1$
浙江	0.5950	0.5774	0.7384	0.6418	$X_3>X_4>X_1>X_2$
安徽	0.5743	0.7484	0.5999	0.8274	$X_4>X_2>X_3>X_1$
福建	0.5275	0.6103	0.6136	0.5377	$X_3>X_2>X_4>X_1$
江西	0.5919	0.7249	0.6064	0.5220	$X_2>X_3>X_1>X_4$
山东	0.5708	0.5721	0.7135	0.6276	$X_3>X_4>X_2>X_1$
河南	0.5404	0.5648	0.5865	0.6691	$X_4>X_3>X_2>X_1$
湖北	0.4943	0.6939	0.5439	0.6075	$X_2>X_4>X_3>X_1$
湖南	0.5163	0.7099	0.7232	0.7133	$X_3>X_4>X_2>X_1$

续表

省区市	第一产业（X_1）	第二产业（X_2）	第三产业（X_3）	高新产业（X_4）	结果
广东	0.5449	0.5684	0.6384	0.5977	$X_3>X_4>X_2>X_1$
广西	0.4994	0.5967	0.5327	0.7466	$X_4>X_2>X_3>X_1$
海南	0.5182	0.5311	0.5972	0.7989	$X_4>X_3>X_2>X_1$
重庆	0.8107	0.9429	0.8927	0.6953	$X_2>X_3>X_1>X_4$
四川	0.4846	0.8056	0.6808	0.6257	$X_2>X_3>X_4>X_1$
贵州	0.4712	0.5819	0.8316	0.6967	$X_3>X_4>X_2>X_1$
云南	0.5021	0.5937	0.6681	0.8366	$X_4>X_3>X_2>X_1$
西藏	0.7563	0.6216	0.8375	0.7949	$X_3>X_4>X_1>X_2$
陕西	0.5642	0.7068	0.6659	0.6157	$X_2>X_3>X_4>X_1$
甘肃	0.5778	0.5777	0.6636	0.6292	$X_3>X_4>X_1>X_2$
青海	0.4770	0.5132	0.5071	0.6161	$X_4>X_2>X_3>X_1$
宁夏	0.5588	0.6656	0.8514	0.6327	$X_3>X_2>X_4>X_1$
新疆	0.7224	0.6199	0.6777	0.5821	$X_1>X_3>X_2>X_4$

第五节　实证结果分析

通过对表 7-2～表 7-4 中计算结果的分析，可以发现如下规律。

（1）第一产业对 R&D 强度的影响最小，而且随着经济的发展，其与 R&D 强度的关联越来越小。2000～2013 年，在我国 31 个省区市中有 15 个省区市第一产业对 R&D 强度的影响最小，该比例为 48%。分阶段来看[①]，2000～2007 年有 12 个省区市第一产业对 R&D 强度的影响最小，该比例为 39%，但 2008～2013 年有 21 个省区市第一产业对 R&D 强度的影响最小，该比例上升到 68%。各省区市在不同阶段第一产业与 R&D 强度关联度的变化情况如图 7-2 所示。

从图 7-2 可以清楚地看出在全国 31 个省区市中，只有山西、重庆、西藏和新疆第二阶段第一产业与 R&D 强度的关联度发生了明显的上升，其他省区市都出现了下降的趋势，或者基本保持不变。由此可以发现第一产业与 R&D 强度关联度最小，而且随着经济的发展，其关联度还有不断下降的趋势，这可能也与各省区市第一产业在国民经济中所占比例存在下降趋势有直接的关系。

---

① 为了后面方便比较，在此将 2000～2007 年定义为第一阶段，2008～2013 年定义为第二阶段

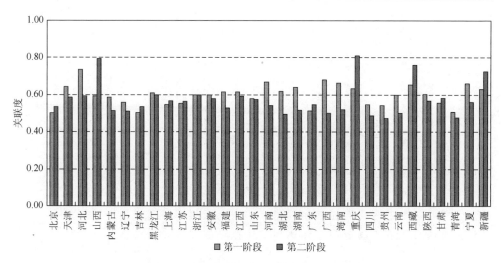

图 7-2　第一产业与 R&D 强度关联度的变化图

第一产业与 R&D 强度关联度较大（关联度排名在第一位或者第二位）的省区市 2000～2007 年分别是辽宁、黑龙江、广西和新疆，2008～2013 年仅有山西和新疆两个省区。新疆和黑龙江从历史上看就是我国粮食与各种经济作物的主产区，为了保持第一产业的优势和发展特色产业，这些地区在第一产业的 R&D 投入较多，同时国家对这两个省区市第一产业的 R&D 进行了大力扶持，使得这两个省区第一产业与 R&D 强度的关联度较大。

（2）在经济发展的过程中，高新产业与 R&D 强度的关联度有不断上升的趋势。2000～2007 年全国 31 个省区市中有黑龙江、山东、青海和宁夏四个省区高新产业与 R&D 强度的关联度排名第一位或者第二位，但是在 2008～2013 年高新产业与 R&D 强度的关联度排名第一位或者第二位的有天津、河北、辽宁、黑龙江、上海、江苏、浙江、安徽、山东、河南、湖北、湖南、广东、广西、海南、贵州、云南、西藏、甘肃、青海等 20 个省区市，占到了总数的 65%，这一变化是非常大的。图 7-3 为这两个阶段各省区市高新产业与 R&D 强度关联度的变化情况。

从图 7-3 可以看出在第二阶段，大多数省区市高新产业与 R&D 强度的关联度都出现了上升的趋势，有些省区市还上升得非常明显，如天津、河北、山西、黑龙江、湖南、安徽、海南、云南、西藏等。

（3）在经济发展的过程中，第三产业与 R&D 强度的关联度一直较强，并在整体上呈现上升态势。无论是在第一阶段，还是在第二阶段，第三产业与 R&D 强度关联度最强的省区市都是 15 个，所占比例为 48%。但在这一过程中，各省区市的表现是不一样的，有 14 个省区市第三产业与 R&D 强度的关联度显著增强，同时有 12 个省区市第三产业与 R&D 强度的关联度显著下降，如表 7-5 所示。

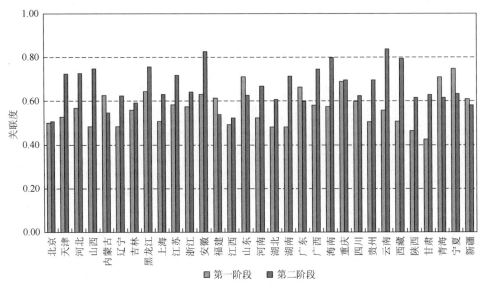

图 7-3　高新产业与 R&D 强度关联度的变化图

表 7-5　第三产业与 R&D 强度关联度在不同阶段的变化情况表

省区市	第一阶段 （2000～2007 年）	第二阶段 （2008～2013 年）	全区间 （2000～2013 年）	变化情况
北京	0.74	0.80	0.78	↑
天津	0.72	0.72	0.68	无
河北	0.81	0.66	0.73	↓
山西	0.68	0.89	0.63	↑
内蒙古	0.81	0.67	0.71	↓
辽宁	0.57	0.81	0.54	↑
吉林	0.62	0.62	0.65	无
黑龙江	0.59	0.71	0.58	↑
上海	0.64	0.81	0.66	↑
江苏	0.63	0.85	0.62	↑
浙江	0.69	0.74	0.63	↑
安徽	0.83	0.60	0.76	↓
福建	0.65	0.61	0.65	↓
江西	0.63	0.61	0.54	↓
山东	0.64	0.71	0.63	↑
河南	0.82	0.59	0.73	↓
湖北	0.74	0.54	0.71	↓

续表

省区市	第一阶段 （2000～2007 年）	第二阶段 （2008～2013 年）	全区间 （2000～2013 年）	变化情况
湖南	0.73	0.72	0.67	↓
广东	0.72	0.64	0.73	↓
广西	0.54	0.53	0.71	无
海南	0.68	0.60	0.68	↓
重庆	0.69	0.89	0.63	↑
四川	0.85	0.68	0.78	↓
贵州	0.74	0.83	0.79	↑
云南	0.68	0.67	0.62	↓
西藏	0.73	0.84	0.72	↑
陕西	0.82	0.67	0.78	↓
甘肃	0.64	0.66	0.63	↑
青海	0.58	0.51	0.63	↓
宁夏	0.74	0.85	0.71	↑
新疆	0.61	0.68	0.71	↑

（4）第二产业与 R&D 强度的关联度较强，但在经济发展的过程中有不断下降的趋势。2000～2007 年第二产业与 R&D 强度关联度最大的省区市有 12 个，但 2008～2013 年第二产业与 R&D 强度关联度最大的省区市下降到只有 6 个。在经济发展的过程中，有 20 个省区市第二产业与 R&D 强度关联度下降，只有 7 个省区市第二产业与 R&D 强度关联度上升，总体上呈现下降趋势，其变化情况如表 7-6 所示。

表 7-6　第二产业与 R&D 强度关联度在不同阶段的变化情况表

省区市	第一阶段 （2000～2007 年）	第二阶段 （2008～2013 年）	全区间 （2000～2013 年）	变化情况
北京	0.60	0.60	0.58	无
天津	0.78	0.65	0.72	↓
河北	0.81	0.57	0.74	↓
山西	0.80	0.71	0.71	↓
内蒙古	0.76	0.60	0.72	↓
辽宁	0.55	0.55	0.55	无
吉林	0.58	0.81	0.67	↑
黑龙江	0.57	0.58	0.54	↑

省区市	第一阶段 （2000～2007 年）	第二阶段 （2008～2013 年）	全区间 （2000～2013 年）	变化情况
上海	0.66	0.60	0.64	↓
江苏	0.65	0.60	0.62	↓
浙江	0.66	0.58	0.60	↓
安徽	0.73	0.75	0.74	↑
福建	0.69	0.61	0.69	↓
江西	0.77	0.72	0.69	↓
山东	0.68	0.57	0.66	↓
河南	0.83	0.56	0.77	↓
湖北	0.62	0.69	0.63	↑
湖南	0.67	0.71	0.66	↑
广东	0.69	0.57	0.70	↓
广西	0.60	0.60	0.78	无
海南	0.81	0.53	0.77	↓
重庆	0.70	0.94	0.67	↑
四川	0.68	0.81	0.78	↑
贵州	0.70	0.58	0.65	↓
云南	0.64	0.59	0.58	↓
西藏	0.73	0.62	0.76	↓
陕西	0.69	0.71	0.58	↑
甘肃	0.63	0.58	0.61	↓
青海	0.65	0.51	0.76	↓
宁夏	0.83	0.67	0.77	↓
新疆	0.76	0.62	0.75	↓

第六节　结论及政策建议

众多的研究成果表明，高新产业比非高新产业对 R&D 投入具有更高的产出弹性，高产出弹性必然激励企业进一步加大 R&D 投入力度。本书也发现虽然各省区市高新产业主营业收入在规模以上工业企业主营业收入中所占的份额并不大，但是其与 R&D 强度的关联度却有逐渐上升的趋势，与此同时，第二产业与R&D 强度的关联度存在逐渐下降的趋势。可见如果高新产业的比例较大，将有可能导致 R&D 强度的提高，同时较高的 R&D 强度也可能进一步促进这些地区高新产业的发展，出现各种高新产业园区，形成集聚效应，产生集群优势，进一步促进这些地区的产业升级和经济发展，形成一种良性循环。

在经济发展的过程中，大多数省区市第三产业的比例在不断上升，而且第三产业与 R&D 强度的关联度较高。相对来说，第一产业与 R&D 强度的关联度很低，特别是在经济发展的过程中，两者的关联度还在不断下降，同时第一产业在国民经济中所占比例也在不断缩小。但是国家和各省区市在制定相关政策的时候也并不能以此来减少对第一产业 R&D 活动的投入，相反要意识到正因为如此，加强对第一产业的 R&D 活动的投入也许会有更大的提升空间，特别是对于某些省区市来说，其农业生产在国民经济中具有举足轻重的作用，根据其特点发展特色产业，提高农业生产效率将大有可为。

R&D 强度虽然在一定程度上反映了地区科技创新能力，但是不能以偏概全地认为，只要加大 R&D 投入力度，提高 R&D 强度，该地区的创新能力就能够提高，就能够促进经济发展。各地在制定相应的科技发展政策时，必须根据其自身的历史、文化、地理和已经形成的经济格局具体问题具体分析。

参 考 文 献

安同良，施浩，Alcorta L. 2006. 中国制造业企业 R&D 行为模式的观测与实证——基于江苏省
　　制造业企业问卷调查的实证分析[J]. 经济研究，（2）：21-30.

白俊红，江可申，李婧. 2009. 应用随机前沿模型评测中国区域研发创新效率[J]. 管理世界，
　　（10）：51-61.

陈利华，杨宏进. 2005. 我国科技投入的技术进步效应——基于 30 个省市跨省数据的实证分析[J].
　　科学学与科学技术管理，（7）：55-59.

陈云，贺德方. 2012. 我国各省市自治区 R&D 经费支出的差异性及与人均 GDP 的相关性分析[J].
　　中国软科学，（10）：78-87.

邓明，钱争鸣. 2009. 我国省际知识存量、知识生产与知识的空间溢出[J]. 数量经济技术经济研
　　究，（5）：42-53.

符淼. 2009. 地理距离和技术外溢效应——对技术和经济集聚现象的空间计量学解释[J]. 经济
　　学季刊，（4）：1549-1566.

龚六堂，谢丹阳. 2004. 我国省份之间的要素流动和边际生产率的差异分析[J]. 经济研究，（1）：
　　45-53.

郭庆旺，贾俊雪. 2004. 中国潜在产出与产出缺口的估算[J]. 经济研究，（5）：31-39.

郝寿义. 2007. 区域经济学原理[M]. 上海：上海人民出版社.

何洁，许罗丹. 1999. 中国工业部门引进外国直接投资外溢效应的实证研究[J]. 世界经济文汇，
　　（2）：16-21.

贺菊煌. 1992. 我国资产的估算[J]. 数量经济技术经济研究，（8）：24-27.

侯亚非. 2000. 人口质量与经济增长方式[M]. 北京：中国经济出版社.

胡鞍钢，王绍光，康晓光. 1995. 中国地区差距报告[M]. 沈阳：辽宁人民出版社.

胡求光，李洪英. 2011. R&D 对技术效率的影响机制及其区域差异研究——基于长三角，珠三角
　　和环渤海三大经济区的 SFA 经验分析[J]. 经济地理，（1）：26-31.

胡永泰. 1998. 中国全要素生产率：来自农业部门劳动力再配置的首要作用[J]. 经济研究，（3）：
　　31-39.

黄苹. 2008. 中国省域 R&D 溢出与地区经济增长空间面板数据模型分析[J]. 科学学研究，（8）：
　　749-753.

黄勇峰，任若恩，刘晓生. 2002. 中国制造业资本存量永续盘存法估计[J]. 经济学（季刊），（1）：
　　377-396.

江静. 2006. 中国省际 R&D 强度差异的决定与比较[J]. 南京大学学报，（3）：13-25.

库兹涅茨. 1999. 各国的经济增长[M]. 常勋，译. 北京：商务印书馆.

赖明勇，张新，彭水军，等. 2005. 经济增长的源泉：人力资本、研究开发与技术外溢[J]. 中国
　　社会科学，（2）：32-46.

李婧，谭清美，白俊红. 2010. 中国区域创新生产的空间计量分析——基于静态与动态空间面板模型的实证研究[J]. 管理世界，（7）：43-55.

李廉水，周勇. 2006. 技术进步能提高能源效率吗？——基于中国工业部门的实证检验[J]. 管理世界，（10）：82-89.

林光平，龙志和，吴梅. 2006. 中国地区经济收敛的空间计量实证分析[J]. 数量经济技术经济研究，（4）：14-21.

林毅夫，蔡昉，李周. 1998. 中国经济转型时期的地区差距分析[J]. 经济研究，（6）：3-10.

林毅夫，蔡昉，李周. 2012. 中国的奇迹：发展战略与经济改革[M]. 上海：格致出版社.

刘华. 2002. 专利制度与经济增长：理论与现实——对中国专利制度运行绩效的评估[J]. 中国软科学，10：26-30.

刘思峰，党耀国，方志耕. 2004. 灰色系统理论及其应用[M]. 北京：科学出版社.

刘伟. 2013. 中国经济增长报告：实现新的历史性跨越[M]. 北京：北京大学出版社.

刘伟，张辉. 2008. 中国经济增长中的产业结构变迁和技术进步[J]. 经济研究，（11）：4-15.

刘志彪. 2013. 战略理念与实现机制：中国的第二波经济全球化[J]. 学术月刊，（1）：88-96.

卢方元，靳丹丹. 2011. 我国 R&D 投入对经济增长的影响——基于面板数据的实证分析[J]. 中国工业经济，（3）：149-157.

卢宁，李国平，刘光岭. 2010. 中国自主创新与区域经济增长——基于 1998～2007 年省际面板数据的实证研究[J]. 数量经济技术经济研究，（1）：3-18.

吕忠伟，李峻浩. 2008. R&D 空间溢出对区域经济增长的作用研究[J]. 统计研究，（3）：27-34.

罗斯托. 1962. 经济成长的阶段[M]. 国际关系研究所编辑室，译. 北京：商务印书馆.

罗亚非，王海峰，范小阳. 2010. 研发创新绩效评价的国际比较研究[J]. 数量经济技术经济研究，（3）：28-41.

毛健. 2009. 经济增长理论探索[M]. 北京：商务印书馆.

莫燕，刘朝马. 2003. 科技投入结构分析及比较研究[J]. 科学学与科学技术管理，（4）：39-41.

潘文卿. 2003. 外商投资对中国工业部门的外溢效应：基于面板数据的分析[J]. 世界经济，26（6）：3-7.

任海云，师萍. 2010. 企业 R&D 投入与绩效关系研究综述——从直接关系到调节变量的引入[J]. 科学学与科学技术管理，（2）：143-151.

沈坤荣. 1999. 体制转型期的中国经济增长[M]. 南京：南京大学出版社.

沈坤荣，耿强. 2001. 外国直接投资，技术外溢与内生经济增长——中国数据的计量检验与实证分析[J]. 中国社会科学，（5）：82-93.

师萍，许治，张炳南. 2007. 政府公共 R&D 对企业的 R&D 的效应分析[J]. 中国科技论坛，（4）：24-28.

时鹏将，许晓雯，蔡虹. 2004. R&D 投入产出效率的 DEA 分析[J]. 科学学与科学技术管理，25（1）：28-30.

史修松，赵曙东，吴福象. 2009. 中国区域创新效率及其空间差异研究[J]. 数量经济技术经济研究，（3）：45-55.

宋海岩，刘淄楠，蒋萍. 2003. 改革时期中国总投资决定因素的分析[J]. 世界经济文汇，1：44-56.

宋涛. 2008. 政治经济学教程[M]. 北京：中国人民大学出版社.

苏方林. 2006. 中国省域 R&D 溢出的空间模式研究[J]. 科学学研究，（5）：795-800.

苏梽芳，胡日东，衣长军. 2006. 中国经济增长与科技投入的关系——基于协整与 VAR 模型的实证分析[J]. 科技管理研究，（9）：26-29.

速水佑次郎，神门善久. 2009. 发展经济学——从贫困到富裕[M]. 3 版. 李周，译. 北京：社会科学文献出版社.

孙皓，石柱鲜. 2011. 中国的产业结构与经济增长——基于行业劳动力比率的研究[J]. 人口与经济，（2）：1-6.

孙建，齐建国. 2011. 中国区域知识溢出空间距离研究[J]. 科学学研究，（11）：1643-1650.

唐德祥，孟卫东. 2008. R&D 与产业结构优化升级——基于我国面板数据模型的经验研究[J]. 科技管理研究，28（5）：85-89.

陶长琪，齐亚伟. 2010. 中国全要素生产率的空间差异及其成因分析[J]. 数量经济技术经济研究，（1）：19-32.

涂俊，吴贵生. 2006. 基于 DEA-Tobit 两步法的区域农业创新系统评价及分析[J]. 数量经济技术经济研究，（4）：136-145.

王红领，李稻葵，冯俊新. 2006. FDI 与自主研发：基于行业数据的经验研究[J]. 经济研究，（2）：44-56.

王火根，沈利生. 2007. 中国经济增长与能源消费空间面板分析[J]. 数量经济技术经济研究，（12）：98-107.

王家庭. 2012. 技术创新、空间溢出与区域工业经济增长的实证研究[J]. 中国科技论坛，（1）：55-61.

王小鲁，樊纲. 2000. 中国经济增长的可持续性——跨世纪的回顾与展望[M]. 北京：经济科学出版社.

王远飞，何洪林. 2007. 空间数据分析方法[M]. 北京：科学出版社.

王志平. 2010. 生产效率的区域特征与生产率增长的分解——基于主成分分析与随机前沿超越对数生产函数的方法[J]. 数量经济技术经济研究，（1）：33-43.

吴延兵. 2006. R&D 与生产率——基于中国制造业的实证研究[J]. 经济研究，（11）：60-71.

吴延兵. 2008. 创新的决定因素——基于中国制造业的实证研究[J]. 世界经济文汇，（2）：46-58.

吴延兵. 2014. 不同所有制企业技术创新能力考察[J]. 产业经济研究，（2）：53-64.

吴延兵，米增渝. 2011. 创新，模仿与企业效率——来自制造业非国有企业的经验证据[J]. 中国社会科学，（4）：77-94.

吴玉鸣. 2007. 中国区域研发、知识溢出与创新的空间计量经济研究[M]. 北京：人民出版社.

吴玉鸣，何建坤. 2008. 研发溢出、区域创新集群的空间计量经济分析[J]. 管理科学学报，（8）：59-66.

项歌德，朱平芳，张征宇. 2011. 经济结构、R&D 投入及构成与 R&D 空间溢出效应[J]. 科学学研究，（2）：206-214.

肖兴志，王海. 2013. 受教育程度、吸收能力与 FDI 技术溢出效应——基于面板门槛回归模型的分析[J]. 云南财经大学学报，（6）：99-106.

谢兰云. 2010. 中国省份研究与开发（R&D）指数及其存量的计算[J]. 西安财经学院学报，（4）：65-71.

谢兰云. 2011. 关于辽宁省 R&D 投入情况的分析与研究[J]. 科技情报开发与经济，（5）：166-168.

谢兰云. 2013. 中国省域 R&D 投入对经济增长作用途径的空间计量分析[J]. 中国软科学，（9）：37-47.

谢兰云. 2015. 创新、产业结构与经济增长的门槛效应分析[J]. 经济理论与经济管理,（2）：51-59.

谢兰云, 王维国. 2016. 我国科技创新体系产出机制的门槛效应研究[J]. 统计研究,（2）：51-60.

谢兰云, 王维国. 2012. 基于分位数回归的我国 R&D 经费投入影响因素的动态研究[J]. 数学的
实践与认识,（2）：43-52.

谢伟, 胡玮, 夏绍模. 2008. 中国高新技术产业研发效率及其影响因素分析[J]. 科学学与科学技
术管理,（3）：144-149.

许箫迪, 王子龙, 谭清美. 2007. 知识溢出效应测度的实证研究[J]. 科研管理,（5）：76-86.

严成樑, 龚六堂. 2013. R&D 规模, R&D 结构与经济增长[J]. 南开经济研究,（2）：3-19.

杨鹏. 2007. 我国区域 R&D 知识存量的经济计量研究[J]. 科学学研究, 3：461-466.

杨鹏, 许晓雯, 蔡虹. 2005. 我国区域 R&D 知识存量与 GDP 的实证检验[J]. 科学学与科学技术
管理,（12）：23-26.

杨洵, 师萍. 2006. 中国政府科技投入对企业研发支出的影响[J]. 云南社会科学,（1）：62-65.

姚洋, 章奇. 2001. 中国工业企业技术效益分析[J]. 经济研究,（10）：32-39.

余泳泽. 2015a. 改革开放以来中国经济增长动力转换的时空特征[J]. 数量经济技术经济研究,
（2）：19-34.

余泳泽. 2015b. 中国区域创新活动的"协同效应"与"挤占效应"——基于创新价值链视角的
研究[J]. 中国工业经济,（10）：37-52.

张海洋. 2005. R&D 的两面性、外资活动与中国工业生产率增长[J]. 经济研究,（5）：107-117.

张军. 2002. 资本形成、工业化与经济增长：中国的转轨特征[J]. 经济研究, 6：3-13.

张军. 2012. 中国经济增长中的转型与超越[J]. 学习与探索,（3）：110-114.

张军, 施少华. 2003. 中国经济全要素生产率变动：1952～1998[J]. 世界经济文汇,（2）：17-24.

张军, 吴桂英, 张吉鹏. 2004. 中国省际物质资本存量估算：1952～2000[J]. 经济研究,（10）：
35-44.

张军, 章元. 2003. 对中国资本存量 K 的再估计[J]. 经济研究,（7）：35-43.

张军扩. 1991. "七五"期间经济效益的综合分析——各要素对经济增长贡献率测算[J]. 经济研
究,（4）：8-17.

张庆昌, 李平. 2011. 生产率与创新工资门槛假说：基于中国经验数据分析[J]. 数量经济技术经
济研究,（11）：3-21.

张优智. 2014. 我国科技投入与经济增长的动态关系研究[J]. 科研管理,（9）：58-68.

赵海娟, 程红莉. 2007. R&D 活动在东、中、西部的差异性分析[J]. 统计与决策,（5）：103-104.

赵新华, 李晓欢. 2009. 科技进步与产业结构优化升级互动关系的实证研究[J]. 科技与经济,
（4）：12-16.

周彩霞. 2006. R&D 强度差异：基于产业结构的分析[J]. 南京大学学报,（3）：26-34.

周少甫, 王伟, 董登新. 2013. 人力资本与产业结构转化对经济增长的效应分析[J]. 数量经济技
术经济研究,（8）：65-123.

朱春奎. 2004. 财政科技投入与经济增长的动态均衡关系研究[J]. 科学学与科学技术管理,（3）：
29-33.

朱平芳. 1999. 全社会科技经费投入与经济增长的关联研究[J]. 数量经济技术经济研究,（3）：
28-31.

朱平芳, 徐伟民. 2003. 政府的科技激励政策对大中型工业企业 R&D 投入及其专利产出的影响

[J]. 经济研究, (6): 45-53.

Adams J. 2002. Comparative localization of academic and industrial spillovers[J]. Journal of Economic Geography, 2 (3): 253-278.

Adams J, Jaffe A. 1996. Bounding the effects of R&D: An investigation using matched establishment-firm data[J]. The RAND Journal of Economics, 27 (4): 700-721.

Aghion P, Howitt P. 1992. A model of growth through creative destruction[J]. Econometrica, 60 (3): 323-351.

Aigner D, Lovell C A K, Schmidt P. 1977. Formulation and estimation of stochastic frontier production function models[J]. Journal of Econometrics, 6 (1): 21-37.

Anselin L. 1988. Spatial Econometrics: Methods and Models [M]. Dordrecht: Kluwer Academic Publishers.

Anselin L, VargaA, AcsR J. 1997. Local geographic spillovers between university research and high technology innovations[J]. Journal of Urban Economics, 42 (3): 422-448.

Arrow K J. 1962. The economic implications of learning by doing[J]. The Review of Economic Studies, 29 (3): 155-173.

Barro R J, Lee J W. 1993. International comparisons of educational attainment[J]. Journal of Monetary Economics, 32 (3): 363-394.

Battese G E, Corra G S. 1977. Estimation of a production frontier model: With application to the pastoral zone of Eastern Australia[J]. Australian Journal of Agricultural and Resource Economics, 21 (3): 169-179.

Bebczuk R N. 2000. Corporate saving and financing decisions in Latin America [J]. Económica, xlvi: 37-72.

Bebczuk R N. 2001. Corporate finance, financial development, and growth[C]//VI Jornadas de Economía Monetaria e Internacional.

Becker G, Murphy K, Tamura R. 1990. Economic growth, human capital and population growth[J]. Journal of Political Economy, 98 (5): 12-137.

Blomström M, Kokko A, Zejan M. 1994. Host country competition, labor skills, and technology transfer by multinationals[J]. Weltwirtschaftliches Archiv, 130 (3): 521-533.

Bode E. 2001. Is Regional Innovative Activity Path-Dependent? An Empirical Analysis for Germany[R]. Kiel Working Papers, NO. 1058.

Bosworth D L. 1978. The rate of obsolescence of technical knowledge: A note[J]. Journal of Industrial Economics, 26 (3): 273-279.

Cabrer-Borras B, Serrano-Domingo G. 2007. Innovation and R&D spillover effects in Spanish regions: A spatial approach[J]. Research Policy, 36 (9): 1357-1371.

Case A C, Rosen H S, Jr J R H. 1993. Budget spillovers and fiscal policy interdependence: Evidence from the states[J]. Journal of Public Economics, (52): 285-307.

Caves R E. 1974. Multinational firms, competition, and productivity in host-country markets[J]. Economica, 41 (162): 176-193.

Chan K S. 1993. Consistency and limiting distribution of the least squares estimator of a threshold autoregressive model [J]. The Annals of Statistics, 21 (1): 520-533.

Chow G C. 1993. Capital formation and economic growth in China [J].The Quarterly Journal of Economics, 108 (3): 809-842.

Clark J M. 1940. Toward a concept of workable competition[J]. The American Economic Review, 30 (2): 241-256.

Coe D T, Helpman E, Hoffmaister A W. 2008. International R&D spillovers and institutions[J]. European Economic Review, 53 (7): 723-741.

Coe D T, Helpman E. 1995. International R&D spillovers[J]. European Economic Review, 39 (5): 859-887.

Cohen W M, Levin R C, Mowery D C. 1987. Firm size and R&D intensity: A re-examination[J]. Journal of Industrial Economics, 35 (4): 543-565.

Crépon B, Duguet E. 1997. Estimating the innovation function from patent numbers: GMM on count panel data[J]. Journal of Applied Econometrics, 12 (3): 243-263.

Cuneo P, Mairesse J. 1983. Productivity and R&D at the firm level in French manufacturing[R]. Nber Working Papers, NO. 1068 339-374.

Eaton J, Kortum S. 1999. International technology diffusion: Theory and measurement[J]. International Economic Review, 40 (3): 537-570.

Färe R, Grosskopf S, Norris M. 1997. Productivity growth, technical progress, and efficiency change in industrialized countries: Reply[J]. The American Economic Review, 87 (5): 1040-1044.

Funke M, Niebuhr A. 2005. Regional geographic research and development spillovers and economic growth: Evidence from West Germany[J]. Regional Studies, 39 (1): 143-153.

Goldsmith R W. 1951. A perpetual inventory of national wealth[J]. Nber Chapters, 12: 5-74.

Goto A, Suzuki K. 1989. R&D capital, rate of return on R&D investment and spillover of R&D in Japanese manufacturing industries[J]. Review of Economics & Statistics, 71 (4): 555-564.

Griliches Z. 1964. Research expenditures, education and the aggregate agricultural production function[J]. American Economic Review, 54 (6): 961-974.

Griliches Z. 1979. Issues in assessing the contribution of research and development to productivity growth[J]. The Bell Journal of Economics, 10: 92-116.

Griliches Z. 1980a. R&D and productivity slowdown[J]. American Economic Review, (70): 343-348.

Griliches Z. 1980b. Returns to Research and Development Expenditures in the Private Sector[M]. Chicago: University of Chicago Press.

Griliches Z. 1986. Productivity, R&D and basic research at the firm level in the 1970's[J]. American Economic Review, 76 (1): 141-154.

Griliches Z. 1990. Patent statistics as economic indicators: A survey[J]. Journal of Economic Literature, American Economic Association, 28 (4): 1661-1707.

Griliches Z. 1998. R&D and Productivity[M]. Chicago: University of Chicago Press.

Griliches Z, Lichtenberg F. 1984. Inter-industry technology flows and productivity growth: A reexamination[J]. Review of Economics Studies, (86): 324-329.

Griliches Z, Mairesse J. 1982. Comparing productivity growth: An exploration of French and U.S. industrial and firm data[J]. European Economic Review, 21 (1): 89-119.

Grossman G，Helpman Y E. 1991. Innovation and Growth in the Global Economy[M]. Cambridge：MIT Press.

Hall B H，Mairesse J. 1995. Exploring the relationship between R&D and productivity in French manufacturing firms[J]. Journal of Econometrics，65（1）：263-293.

Hall R E，Jones C I. 1999. Why do some countries produce so much more output per worker than others?[J]. The Quarterly Journal of Economics，114（1）：83-116.

Hansen B E. 1996. Inference when a nuisance parameter is not identified under the null hypothesis[J]. Econometrica，64（2）：413-430.

Hansen B E. 1999. Threshold effects in non-dynamic panels：Estimation，testing，and inference[J]. Journal of Econometrics，93（2）：345-368.

Higgins B. 1998. Regional Economic Development：Essays in Honor of Franciois Prerroux[M]. Boston：Unwin Hyman.

Hu A G Z，Jefferson G H，Qian J. 2005. R&D and technology transfer：Firm-level evidence from Chinese industry[J]. SSRN Electronic Journal，87（4）：780-786.

Jaffe A. 1989. Real effects of academic research[J]. American Economic Review，79（5）：957-970.

Jensen E J. 1987. Research expenditures and the discovery of new drugs[J]. The Journal of Industrial Economics，36（1）：83-95.

Keller W. 2002. Geographic localization of international technology diffusion[J]. American Economic Review，92（1）：120-142.

Kokko A. 1994. Technology，market characteristics，and spillovers[J]. Journal of Development Economics，43（2）：279-293.

Koop G，Osiewalski J，Steel M F J. 2000. Modeling the sources of output growth in a panel of countries[J]. Journal of Business & Economic Statistics，18（3）：284-299.

Kuo C，Yang C. 2008. Knowledge capital and spillover on regional economic growth：Evidence from China[J]. China Economic Review，19（4）：594-604.

Kuznets S S，Murphy J T. 1966. Modern Economic Growth：Rate，Structure，and Spread[M]. New Haven：Yale University Press.

Lai M Y，Peng S J，Bao Q. 2006. Technology spillovers，absorptive capacity and economic growth[J]. China Economic Review，17（3）：300-320.

Lichtenberg F R. 1992. R&D Investment and International Productivity Differences[R]. Nber Working Papers.

Liu J S，Lu W M. 2010. DEA and ranking with the network-based approach：A case of R&D performance[J]. Omega，38（6）：453-464.

Loeb P D，Lin V. 1977. Research and development in the pharmaceutical industry-A specification error approach[J]. Journal of Industrial Economics，26（1）：45-51.

Lucas R E. 1988. On the mechanics of economic development[J]. Journal of Monetary Economics，22（1）：3-42.

Mansfield E. 1984. R&D and Innovation：Some Empirical Findings[M]. Chicago：University of Chicago Press.

Meeusen W，van den Broeck J. 1977. Efficiency estimation from Cobb-Douglas production functions with composed error[J]. International Economic Review, 18 (2): 435-444.

Nelson R R. 2002. The simple economics of basic scientific research[J]. Science Bought and Sold: Essays in the Economics of Science, 151-164.

Nelson R R, Phelps E S. 1966. Investment in humans, technological diffusion, and economic growth[J]. The American Economic Review, 56 (1/2): 69-75.

Pakes A, Griliches Z. 1984. Patents and R&D at the firm level a first look[C]//Griliches Z. R&D, Patents and Productivity. Chicago: University Press.

Pakes A, Schankerman M. 1984. The Rate of Obsolescence of Knowledge, Research Gestation Lags, and the Private Rate of Return to Research Resources[M]. Chicago: University of Chicago Press.

Perkins D H. 1988. Reforming China's economic system[J]. Journal of Economic Literature, 26 (2): 601-645.

Porter M E. 1990. The Competitiveness Advantage of Innovation and Technical Change[M]. New York: Free Press.

Romer P M. 1990. Capital, labor, and productivity[J]. Brookings Papers on Economic Activity Microeconomics, 22 (2): 337-367.

Rosenberg N. 2010. Uncertainty and Technological Change[M]//Studies on Science and the Innovation Process: Selected Works of Nathan Rosenberg: 153-172.

Sharma S, Thomas V J. 2008. Inter-country R&D efficiency analysis: An application of data envelopment analysis [J]. Scientometrics, 76 (3): 483-501.

Syrquin M, Chenery H B. 1989. Three decades of industrialization[J]. The World Bank Economic Review, 3 (2): 145-181.

Tobler W R. 1979. Lattice tuning[J]. Geographical Analysis, 11 (1): 36-44.

Wang Y, Yao Y. 2003. Sources of China's economic growth 1952-1999: Incorporating human capital accumulation[J]. China Economic Review, 14 (1): 32-52.

Young A. 2000. Gold into base metals: Productivity growth in the People's Republic of China during the reform period[J]. Nber Working Papers, 111 (6): 1220-1261.